急騰!
日経平均5万円に
乗り遅れるな

新NISAで
今買うべき株
100

澤上篤人、山本伸、藤井英敏、天海源一郎、天野秀夫、
DAIBOUCHOU、www9945、とりでみなみ

宝島社

巻頭インタビュー

長期投資のカリスマ・澤上篤人が語る！

直近の暴落で超底値を買おう！

今夏、日本株の独立系運用会社の先駆けといえる「さわかみファンド」は運用開始25周年を迎える。その創設者であり、運用キャリア53年を誇る澤上篤人氏は、日本株の未来には強気ながらも「今はタイミングが悪すぎる」と警鐘を鳴らす。その真意と、目下の注目株を詳しく聞いた。

新NISAはよくできた制度だが株式投資「冬の時代」は目前に

——年頭に始まった新NISAはちょっとしたブームになっています。新たに投資を始めた人も多いようですね。

澤上　確かに、新NISAはとてもよくできた制度だと思います。配当からも売却益からも約2割の税金を取られずに済むというのは、みなさん相当魅力的に感じているはず。馬の目の前にニンジンをぶら下げて、「走れ走れ！」とたきつけているようなものですよね。

実際、今までのNISAに比べて投資枠が大きくなり、投資期間の制限も撤廃されて、使い勝手が格段によくなりました。どうせ投資をするなら、当然、新NISAは活用したほうがいい。

ただ、1つ大きな問題があります。今は株式投資を始めるには、あまりにもタイミングが悪すぎるということです。

——3月には日経平均が4万円超えの最高値をつけました。いったんスピード調整をしてから、さらなる上昇の機をうかがっているようにも感じますが、違うのでしょうか？

澤上　そのような近視眼的な話ではありません。今の世界の株式市場は、いつ大暴落が来て株価が半分になってもおかしくない状況です。それから10年間かあるいはそれ以上、マーケットが冬の時代を迎えて、投資家は底を這う株価を耐え忍ぶか、退出するかを迫られることになると私は考えています。

ここで問題なのは、証券会社も運用会社も銀行もこぞって、NISAをやれば税金がかからず大儲けできるぞとはやし立て、投資をしたことがない人を巻き込もうと大騒ぎしていること。53年間投資をやってきた私に言わせれば、「そもそも儲からなかったら税控除も何もないじゃないか」という単純な話です。なのに、金融界の人たちは誰もこの話をしていないでしょう。

金融機関は金融商品を売って手数料を稼ぐことが仕事なので、ある意味無責任にマーケットを語って、盛り上がっているような雰囲気を作り出せばいい立場です。

一方、私を含めた投資家は、安く買って、価格が上昇したところで売り、利益を確定させてはじめて一件落着となります。金融商品を売る人とは立場がまったく違うんです。金融庁も役人ならではの現場知らずで、金融関係者の儲け主義に毒されています。

今の高値で株を買い込んでも、そ

澤上篤人

1947年、愛知県名古屋市生まれ。1980年から1996年までピクテ投信（現ピクテ・ジャパン）代表取締役を務める。1999年に日本初の独立系投資信託会社であるさわかみ投信を設立し、日本における長期運用のパイオニアとして熱い支持を集める。

の買い値以上にうまいこと上がっていったら、そのときは税控除が役に立ちます。ただ、繰り返しますが、とにかく今はタイミングが悪すぎる。安易に捕らぬ狸の皮算用をせずに、好機を待つべきです。ひとたび大暴落が来れば株価が半分になっても不思議はないので、少々待ちが長くなっても焦る必要はありません。

「カネ膨れ経済」を演出した「過剰流動性」と「年金マネー」

――そもそも、世界株式の大暴落は何をきっかけに起こるのでしょうか？

澤上　日本を含め、世界の株式市場は「カネ余りが作り出したカネ膨れのマーケット」になっており、いずれこれが破裂します。カネ膨れを作り出した要因は2つです。

1つ目は過剰流動性。すなわち、世界中の中央銀行がリーマンショック、コロナと経済ショックを経験するたびに異常なほどの金融緩和を行い、カネを猛烈にばらまいたあげく長期間放置したことです。本来はカネをばらまいたらインフレになるのでマネーを回収にかからないといけないのですが、そこに世界経済のグローバル化がかち合ったことで供給力が追いつき、つい2年前までインフレが昂進せずに来ました。

そして2つ目は、1980年代以降、年金の積立が本格化して一挙に存在感を増した年金マネーが株や債券を買い漁ったことです。

過剰流動性と年金マネーの相乗効果で、80年代以降の世界の株価は右肩上がりを続けてきたわけです。これら2つが永久に続くなら問題ないのですが、そうは問屋が卸しません。金利上昇という「経済合理性の刃」が、カネ膨れのマーケットを破裂させます。

日本だけは置いてきぼりですが、すでに世界中で金利は上昇していますから、いつ空気が一挙に抜けてもおかしくありません。

——金利上昇が「刃」になるとは、かなり厳しい見立てになりますね。欧州はもうすぐ利下げに転じると言われており、米国も秋までには利下げを行うと言われていますが、それでもマーケットは救われませんか？

澤上　残念ながらムリです。

真の問題は、長年カネをばらまいてきたにもかかわらず、世界経済がそれに見合った成長をできていないこと。先進国では一部の富裕層だけが肥え太るばかりで、中間層が没落し低所得者の貧困化が進んでいます。それがここに来て激しい賃上げ要求を引き起こし、インフレの根を深くしています。物価上昇が収まらなければ、金融市場が暴落したところで近年のようなゼロ金利に戻せるはずもなく、暴落は止まりません。

世界経済のカネ膨れを端的に言えば、家計と企業と政府の三者が負う世界の総債務が、世界GDPの3・3倍に達しています。12年前は2倍程度だったので、この間に世界経済1つ分の借金が増えた計算です。

そして、中央銀行のバランスシートも大変なことになっています。基本的に、中央銀行が負う負債はその国のGDPの10%がメドとされていますが、米国FEDは40%、欧州のECBは60%、そして日銀に至っては130%まで負債が膨れ上がっています。

これらの途方もない借金こそが、カネ膨れ経済を作り出した元凶なのです。ここまでムリにムリを重ねてきましたが、それでも世界経済の成長率は減速する一方です。たまりにたまったツケを清算せずにいられると思うほうがおかしい。

現在の株価や債券価格は、ここ40年ほどの低金利下で構築されてきたものです。今、現役の市場関係者や運用者のほとんどがカネ膨れ相場しか知りません。彼らは株は必ず中央銀行が救ってくれる、債券は安全だという神話にどっぷりと浸かっています。この神話が消滅するまで、経済合理性の刃は何度でもマーケットに突き刺さり続けるでしょう。

「PERが16倍だから安い」なんてちゃんちゃらおかしい話

——年金マネーのほうはどうなるでしょうか？　日本のGPIF（年金積立金管理運用独立行政法人）の運用資産は順調に増加しています。

澤上　人々から年金を集めて金融市場で運用している理由は、いずれ払い出すからですね。世界的に高齢化が進んでいますから、近い将来には年金基金による運用資産の取り崩しが本格化します。

実際に10年ほど前から、年金基金の積立を給付が上回り始めました。プールしている額が巨大なためまだ問題になっていませんが、いずれは運用で増える分を超えて、年金資産の純減が始まります。これまで金融市場に追加され続けてきた資金が、この先は反対に、巨大な売り圧力と

FF金利と米国CPI（消費者物価指数）の推移

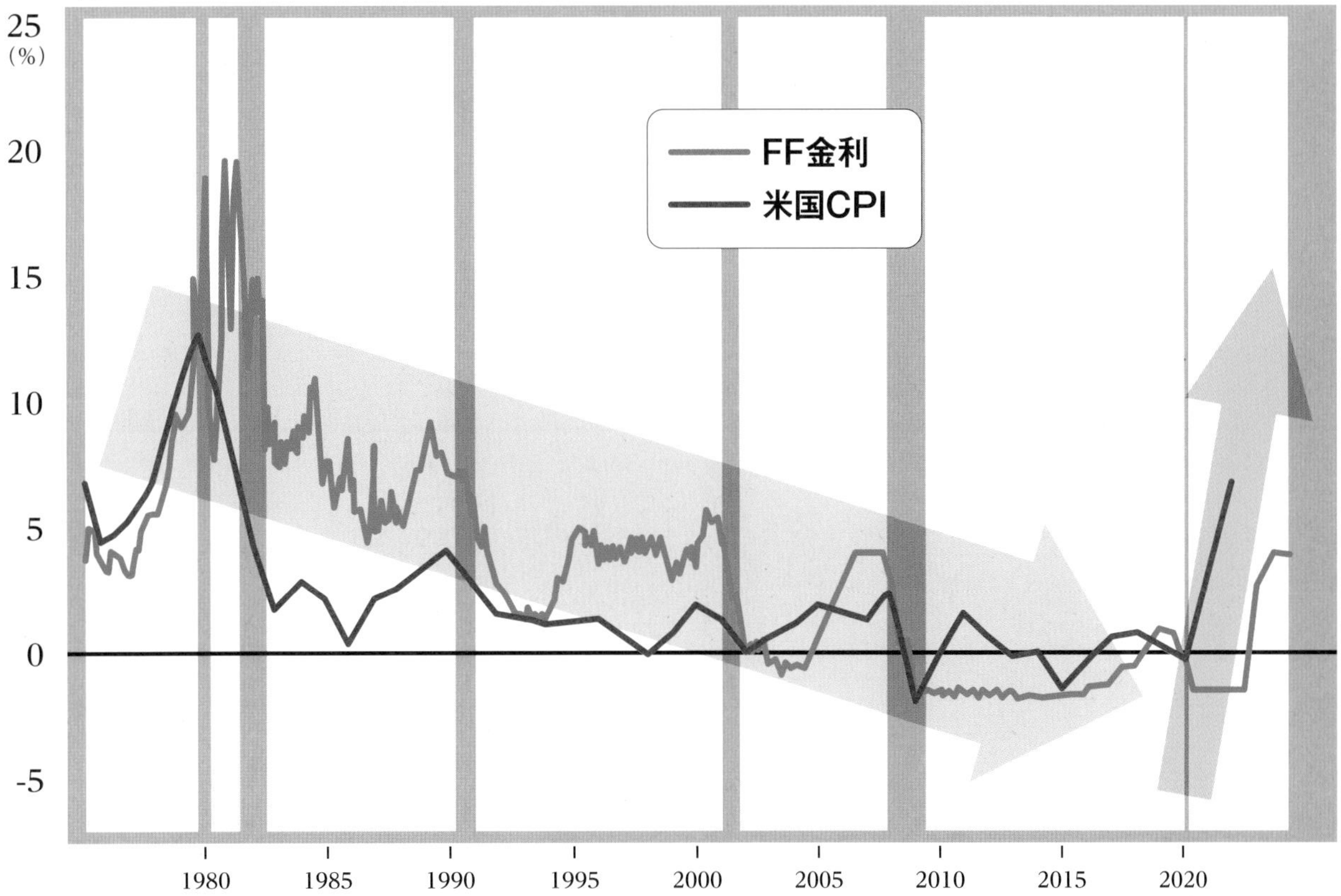

金利の長期的な低下による過剰流動性でカネ膨れになった経済・相場に金利上昇の刃が突き刺さり、暴落が来る。インフレになっているので、容易にゼロ金利には戻れない

して長期的に足を引っ張り続けるわけです。このことが投資家にひとたび意識され、彼らが雪崩を打って逃げ出し始めれば、それが暴落の引き金となる可能性があります。

――過剰流動性と年金マネーという、金融市場を構成する2つの資金フローが逆流するということですね。非常に厳しいお話ですが、株の暴落とはどのくらいの幅を想定されていますか？

澤上　日経平均は平成バブルの頂点から大底まで、8割引きになりました。米国を見ても、リーマンショックのときはS&P500がおよそ6割引きになりました。このくらいの下落は十分あり得るでしょう。

近年は成長株ブームが続いており、投資家はみな儲かりそうな、いかにも上がりそうに思える株をせっせと買い上げています。このように資金が集中している株は、いったん売られ始めたらとことん売られるものです。株式市場の歴史を見れば、例はいくらでも転がっているでしょう？

インデックス投資が流行していますが、株式市場全体に分散しているからといって助かるわけではありません。

定義上、資金が集中している株がインデックスの中で大きな割合を占めますから、それらが売られればもちろん、インデックスも引っ張られて暴落します。玉石混淆《ぎょくせきこんこう》なのがインデックスの特徴で、その中の石ころが淘汰《とうた》されるまで冬の時代が続きます。

長期投資なら大丈夫だとよく言われますが、思い返してみてください。日経平均は1989年末の最高値から、20年間も下げ続けてきたんです。この間、インデックスファンドをずっと持ち続けた投資家がどれほどいると思いますか？　みんながイヤになって手放して、もう株はこりごりだとなったときから、上昇相場が始まったわけです。10年か20年かはわかりませんが、今度もまた同じような、冬の時代が始まるというだけのことです。

――昨年の春から日本株が上昇気流に乗ったのは、米国株に比べてかな

日経平均株価の推移（直近1年間）

日経平均は2023年5月末の3万0887.88円から1年間で約25%急騰している（2024年5月末終値と比較）

り割安だからだと言われます。日本株はエヌビディアのような超成長株ばかりが上位に来ているわけではないですが、それでも厳しいですか？

澤上　割安という言葉一つとっても、今の投資家の感覚は明らかにずれています。

　私が運用の仕事についた１９７０年代には、投資家はＰＥＲ３倍、４倍の銘柄について、喧々諤々《けんけんがくがく》議論していました。ＰＥＲ４倍なら投資資金を利益で回収すると仮定して４年で元が取れるわけですが、「４年もリスクを取っちゃって大丈夫か？」と、みな警戒しながら投資していました。

　それが今では、ＰＥＲが16倍なら安い、20倍だとちょっと高いなんて平気で言います。常識で考えてください。その企業の16年先、20年先がわかりますか？　当然わかるわけがないし、16年で元が取れるから割安なんてありえないでしょう。ちゃんちゃらおかしい話だし、日本株は割安だなんてとうてい言うことはできません。

　ただ誤解してほしくないのは、私は株式投資に悲観的ではまったくないということです。冬の後には必ず春が来ますし、いずれ日経平均が10万円になる日だって来ると思っています。とにかく今は中身が悪すぎるということなのです。

「今でも買える銘柄」と「来たる暴落への対処法」とは？

――株式市場の春は、どんなふうにやって来るのでしょうか？

澤上　過剰流動性の時代が終わり、ようやく金利のある、経済の当たり前の姿に戻りました。この後、暴落という手荒い形ではありますがマーケットが調整され、カネ膨れの分が引いてようやく株を買える世界が構築されます。

　その先は、実体経済をベースにした中身のあるマーケットになりますから、落ち着いて企業の業績や将来性を判断して株を買えるようになります。今のハリボテ経済で、業績がよい・悪いと一喜一憂したところで仕方がないと思います。

　昔から、「不況の効用」という言葉があるのをご存じでしょうか。本来、経済はよくなったり悪くなったりを繰り返すもの。その中で弱い企業が淘汰されますが、強い企業に資本と労働力が移動するので、経済全体を見れば資源配分が適正化されるのです。

　結果、生産性が上がりますし、イノベーションも生まれやすくなります。このプロセスを繰り返すことで、経済が発展してきたわけです。

　近い将来、不況の効用がまた発現します。軋轢《あつれき》と淘汰のプロセスは避けられないので、弱い企業がお陀仏になるのを見定めてから、本格的な買いに入るとよいでしょう。

　ただし、今でも買える株がまったくないわけではありません。不況到来までに腕を磨くつもりで始めるのも悪くはないでしょう。

――今買える株というのは、具体的にはどのような銘柄になりますか？

澤上　カネ膨れとは無縁な分野で、実体経済に即した地道なビジネスを手掛けている企業の株価は、それほ

大暴落では真に経営力のある企業が「光って見える」。地味な銘柄を物色しながら、空前のチャンスを待て！

ど上がっていません。

暴落というのは買われすぎているからとことん売られるのであって、そもそも大して買われていない株は暴落につられたところでその下げはたかが知れています。注目株やインデックスに比べて、あまり買われていなかったり、むしろ下がったりしている銘柄の中から、業績がよく手堅いビジネスをしている企業を買っていけば安心です。

具体的には、まずわれわれの生活で身近な会社の株を見てみると、株価があまり上がっていません。ぽっと出の若い会社ではなく、この会社がなくなったら困る……という歴史のある会社。低金利の20年より前からある会社で、食べる、飲む、歯を磨く、洗濯するなど、生活に密着した企業は、カネ膨れ経済から遠い、健全な存在です。

たとえマーケットが暴落したところで、しょせんはカネ膨れの株が下がるだけ。生活に根差した会社であれば今買っても大丈夫です。何があってもビジネスが続くと確信できる会社であれば、B to Bの企業でもよいでしょう。

何があろうとわれわれの生活は続き、それを支える企業は収益を上げ続けるという点で、私は誰よりも未来を楽観しています。

――最後に、暴落が来たときの対処法を教えてください。

澤上　覚えておいてほしいのは、暴落が来たときには、買っていい株がむしろはっきりと見えやすくなります。カネ膨れでかりそめの儲けを謳《おう》歌《か》していた企業が墜落し、真に経営力のある企業が光って見えるようになるからです。

大暴落といっても、一直線に下がり続けるわけではないことに注意しましょう。大底までに、いったん下げが落ち着いたところでまたドカンと下げるという流れを何回も繰り返すものです。なので、くれぐれも初手の墜落で大きく張ってはいけません。墜落するごとに少しずつ買いを入れていき、3～4周期を繰り返して大底を確かめたところで、大きく買いを入れます。

大底をどうやって確かめるのかって？　それは、投資の話がメディアにさっぱり出なくなり、投資本の新刊が出版されなくなるのが1つの目安になりますかね（笑）。

個人投資家はプロと違って、ムリして投資しなくてよいのが有利な点です。「休むも投資」と考え、好機を狙いすまして投資することをお勧めします。

世界の債務は初の300兆ドル超に

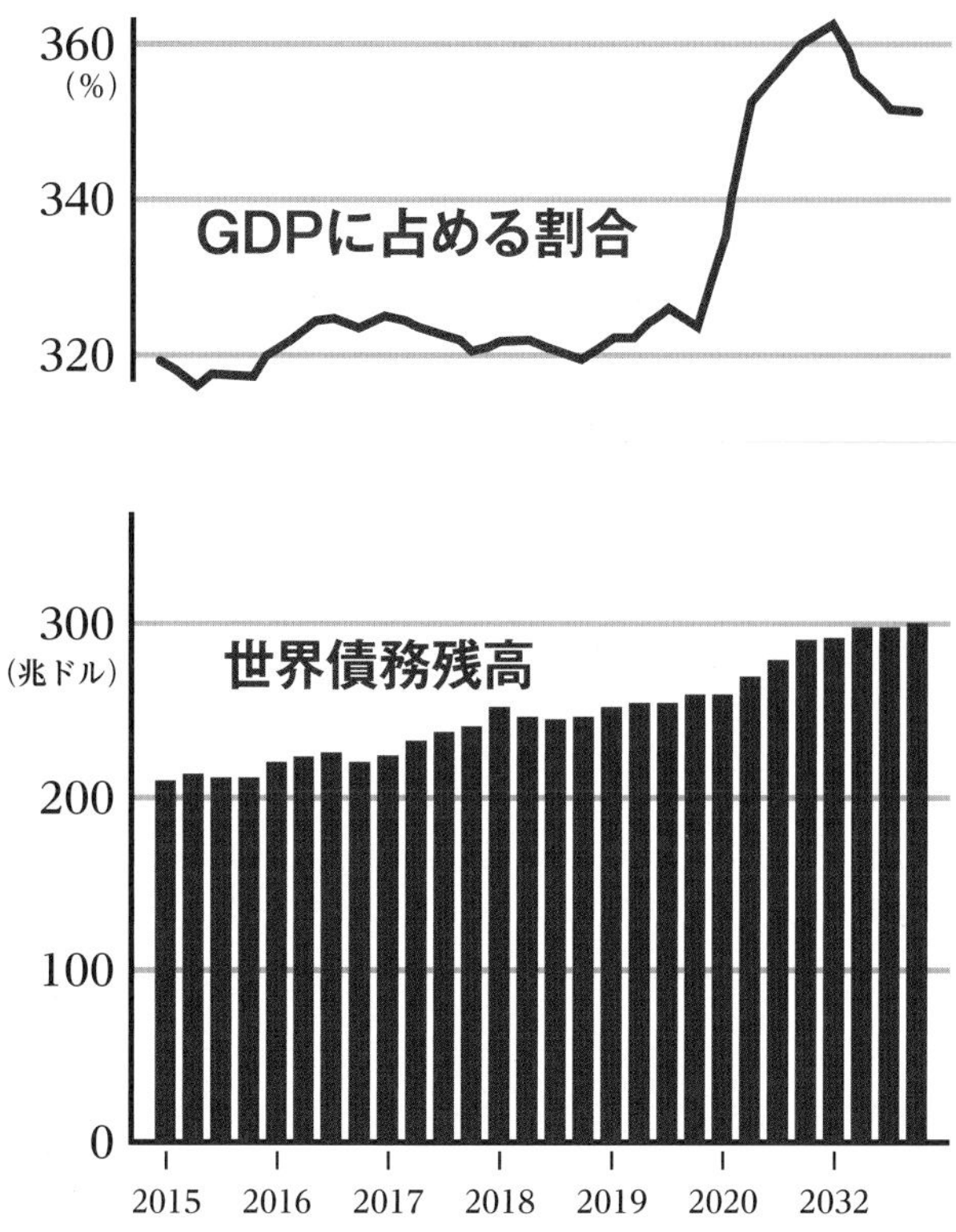

日経新聞
世界債務、初の300兆ドル超え　コロナで財政膨張
2022年2月24日より

急騰！日経平均5万円に乗り遅れるな
新NISAで今買うべき株100

目次

※本書で紹介している株価データや情報は特に注記がない限り、2024年5月24日現在のものです。本書は株式投資に関する情報提供を目的としたものです。投資にあたってのあらゆる意思決定、最終判断、実際の売買はご自身の責任において行われますようお願いいたします。投資による損失については、株式会社宝島社および掲載の専門家は一切、責任を負いません。また、本書の内容については正確を期すよう万全の努力を払っていますが、2024年5月24日以降の相場状況、経済情勢に変化が生じた場合はご了承ください。

大勝ちを狙え！ 億り人がこっそり狙う株50

新NISAで今買うべき株100銘柄

データページはこう読む!!

ビギナーでもわかりやすい 基礎用語解説

時価総額

その銘柄の「発行済株式数×株価」で計算。時価総額が大きいほど、値動きに安定感があり、売買時の流動性が高い。

配当利回り

前期の1株当たりの配当金額を「現在株価」で割って算出。中間、期末と2度にわたって配当を出している企業もあるので注意。

PER

株価収益率(Price Earnings Ratio)。「現在株価」を1株益で割って算出。同業他社と比べ、低ければ低いほど割安とされるが、上昇相場や成長企業には当てはまらないこともある。

BPS

1株当たり純資産(Book-value Per Share)。純資産を発行済株式数で割って算出。一般的にBPSの数値が高いほど安定性の高い企業と評価される。またBPSは、PBR(株価純資産倍率／Price Book-value Ratio)を計算するときにも用いられる。

外国人持ち株比率

発行済株式のうち、外国人投資家が保有している割合。この比率が高いほど、外国人投資家の注目度が高いことを意味する。

信用倍率

「信用買い残÷信用売り残」で算出。1倍より低ければ、売り残が買い残を上回っていることになり、将来的な買い圧力が強い(一般的に、株価上昇が期待できる)ことをあらわす。

自己資本比率

自己資本÷総資本で求める。自己資本比率が高いほど負債(借入金)が少なく、倒産しにくい会社と判断される。

本決算

企業の決算月。企業の1年間の業績はこの月で締められる。このおよそ1～1カ月半後に、投資家注目の本決算の発表が行われる。

目標株価

有識者各位がそれぞれのテーマ別に相場動向や企業の業績、株価材料、企業価値などを総合的に判断し、株価の上値の目途となる半年後の目標株価を設定。

新NISAで買うべき株 01 日本テレビホールディングス

東証プライム 9404

〈目標株価〉2500円 ← 〈現在株価〉2032.5円

銘柄データ

売買単位	100株
最低投資金額	20万3250円
時価総額	5362億円
配当利回り	1.97%
PER	14.63倍
BPS	3645.7円
外国人持ち株比率	19.1%
信用倍率	10.99倍
自己資本比率	77.6%
本決算	3月末

2024年3月以降、テレビ局各社の株価水準が大幅に訂正されてきたが、それでもPBRが1倍を割っており、依然として上値余地が大きい。テレビ局の中でも日本テレビは好材料が多い。2023年10月にはスタジオジブリを子会社化し、3月には農業収穫体験やアウトドアアクティビティ、グランピング施設などを運営するザファームとの資本業務提携を発表した。ドル箱のテレビ広告がジリ貧であるだけに、新たな成長の柱となりうるコンテンツや事業を獲得したことは朗報だ。

業績データ

	単位:百万円				単位:円		配当性向
	売上高	営業利益	経常利益	純利益	1株益	1株配	
前々期実績(2023.03)	413,979	46,593	51,775	34,081	133.6	37	27.7%
前期実績(2024.03)	423,523	41,877	49,503	34,660	136.4	40	29.3%

チャート出所:「株探」https://kabutan.jp

業績データ

2期分の業績データを掲載。3月決算発表済みの企業と未発表の企業では年度が異なっているので注意。

※このページのデータは説明のための見本です。数字は2024年5月24日のデータに基づいています。データは5月24日時点で公表されている直近の有価証券報告書等の数値をベースにしていますが、一部決算短信も用いています。

数倍高が狙える
魅惑の銘柄
50

〈テーマ〉1 従属上場会社

少数株主保護の観点から、蔓延《はびこ》ってきた問題にメスが入る

東証の要請を機に親子上場の解消に踏み切る企業が続出

山本伸

マネーリサーチ代表、経済情報誌『羅針儀』主宰。1985年より経済ジャーナリスト、株式評論家として、株式・金融情報に関する執筆活動、講演活動など幅広く活躍。『株式新聞』にて、「山本伸の株式調査ファイル」を好評連載中。

従属上場会社とは？その問題はどこに？

周知の通り、東京証券取引所（東証）はさまざまな角度から市場改革に乗り出しており、従属上場会社の問題もその1つとなっている。従属上場会社とは、支配的な株主である親会社の傘下にある上場会社のことだ。そして、親会社とその支配下にある子会社がどちらも株式市場に上場していることを親子上場と呼んでいる。

親会社の新規事業をスピンオフ（分社化）し、効率的に資本を獲得して成長を加速させるため、IPO（株式の新規公開）を行うというパターンは珍しくない。もっとも、親会社がその子会社の株主議決権の過半数を有し、実質的に支配下に置いておくことには弊害もつきまとう。

従属という言葉が用いられているように、事業戦略などに関して親会社が決定権を握っており、子会社はその意向に従わざるをえない。その結果、とかく親会社の利益ばかりが優先されて、子会社における少数株主（個人投資家）の利益がないがしろにされるケースが出てくる。

そこで東証は、2020年1月に「従属上場会社における少数株主保護の在り方等に関する研究会」を設置。2023年11月まで9回にわたって議論を重ねたうえで、翌12月に「少数株主保護及びグループ経営に関する情報開示の充実」という名称の資料を公表した。その中に書かれていたのは「開示義務」ではなく、あくまで「自発的な開示の充実」を促す東証側の要望だ。

とはいえ、取引所側がここまで問題視しているのだから、従属上場会社に対する市場関係者の見方は今まで以上に厳しいものとなっていくのは必至だろう。現に、2024年5月に英国の投資ファンド（アセット・バリュー・インベスターズ）が豊田自動織機とその子会社であるアイチコーポレーションに対し、親子上場解消を要求した。こうした動きが今後も相次ぐのは、まず間違いないはずだ。

現時点において、親子上場や持分法適用会社などで従属的な立場にある上場企業は、全上場銘柄の4分の1強にも達している。具体的に東証が指摘しているのは、①上場子会社の意思決定に親会社などの株主が与える影響、②グループ経営に関する基本的な考え方や事業ポートフォリオの見直し、③親会社と子会社の少数株主との利益相反の状況やそれに対する監督・コントロールに関する開示が不十分であることだ。

従属上場会社への投資の可否を判断する際に、少数株主に対する保護や、グループ経営に関する方針は極めて重要な情報となってくる。にもかかわらず、それらはきちんと開示されていなかったのが実情である。

東証はMOM条項の導入も検討している

今回の東証の要請は、親会社と子会社の双方が情報開示を拡充させるのが望ましいという内容にとどまっている。だが、先述した有識者による研究会では、少数株主の保護という観点で社外取締役が十分にその役割を果たすため、株主総会の選任議案にMOM（マジョリティ・オブ・マイノリティ）と呼ばれる仕組みを導入する案が議論されていた。

MOMとは、利害関係を有する株主を排除し、それ以外の株主から過半数の支持を得ることによって決議を行うという手法だ。実はすでに国内でも、東京機械製作所やコスモエネルギーホールディングスが買収防衛策導入の議決を巡り、MOMによる決議を行っている。

社外取締役の選任議案でMOMが採用された場合は、大株主だけでなく、会社と利害関係のある株主を除いた少数株主の過半の賛同が必要になる。こうしたことから、今までは〝お飾り〟のような存在に過ぎなかった社外取締役の発言権が一気に高まることが期待される。

上場子会社においては、社外取締役を全体の3分の1もしくは過半数選任することが推奨されている。もしも、東証が独立社外取締役の選任議案にMOMを導入する上場制度の見直しを行えば、たとえ親会社が株式の過半数を掌握していても、取締役会でその意向に反する決定が下されるケースも出てきそうだ。

東証の要請を受けてにわかにMBOが活発化

東証は非上場会社の支配的株主が存在する場合においても、役員の選任に関してMOM条項を導入することを検討している。創業一族が過半数の株を保有して経営を掌握し、少数株主が無視されているケースは珍しくない。だが、MOM条項が導入されると、創業家が役員の座を追われるという事態も起こりうる。

これらの東証の動きを受けて、親子上場は急減する可能性がある。株式の保有比率が子会社には満たない持分法適用会社であっても、けっして例外にはならないだろう。また、創業家が大株主になっている場合は、従来通りの支配を続けるため、MBO（経営陣による自社の買収）に踏み切るケースが相次ぎそうだ。

その先陣を切ったのは名古屋地盤のアオキスーパーで、2024年の大発会翌日にMBOを発表。1月9日からTOB（株式公開買付け）を実施し、2月20日に完了して上場廃止となった。創業家とその関係会社などが株式の約6割を保有していると目され、TOB価格は直近の終値よりも約44％も高い水準だった。

また、1月19日にはヘルスケア向け人材紹介大手のメドレーが歯科向け人材サービスのグッピーズをTOBで完全子会社化すると発表。グッピーズは創業者が6割近い株を保有する従属会社である。1月24日には、給与計算クラウドサービスのペイロールがMBOを発表。同社は2021年6月にIPOを果たしたばかりで、それからわずか2年半で非上場化という選択を行った。

非上場会社の支配的株主による完全子会社化もすでに現実のものとなっている。1月30日に非上場会社の太陽鉱工は、上場会社の東邦金属をTOBで完全子会社化すると発表。それまで太陽鉱工は、東邦金属の31％の株を保有する筆頭株主だった。ちなみに、太陽鉱工と東邦金属はともに旧鈴木商店系の流れを汲む会社だ。東邦金属の第2位株主も、同系列の総合商社である双日だった。

禁じ手とも言える荒業で非上場化する動きも!

一方、1月31日に明るみになったのは、インヴァスト証券（旧KOBE証券）の強制買い取り（スクィーズ・アウト）による株式非公開化だ。株式買い取り価格には、直近の終値に対して約36％のプレミアムがついた。同社も創業者一族とその関係者が7割前後の株を保有しているため、禁じ手とも言えるような強制買い取りが可能となった。発行済株式の3分の2超（66・7％以上）を保有していれば、株主総会で重要議案を単独で可決できるのだ。

しかも、都合のいいことに投資信託は同社株を保有していなかったし、外国人の持ち株比率も0・5％にとどまっていた。会社側が提案した強制買い取りに異議を唱えそうな「モノ言う有力株主」がほとんど存在しなかったわけだ。実はこうしたポイントも、MBOや親子上場解消に踏み切りそうな銘柄を探すうえで重要なヒントになってくる。

完全子会社化ではなく株式分割を選ぶ企業も

他方、従属子会社が株式の大幅分割を実施するというケースも数多く見受けられる。1月30日に大同特殊鋼の子会社であるフジオーゼックスと日本精線は、ともに1対5の株式分割を発表。その翌日には三菱電機の子会社である弘電社と、空調関連機器商社の東テクも大幅な株式分割を発表している（弘電社が1対5、東テクが1対3）。これら4社のうち3社の株価は急騰したが、弘電社だけは逆に急落した。

4社とも株価が5000円前後に達していた〝値がさ株〟であったため、株式分割の表面上の目的は、売買単位の引き下げであったように思われる。しかしながら、当面は親会社による完全子会社化を実施しないという意思表明とも受け止められる。

親会社が保有株を放出して解消する手も

オーナー一族が存在する場合ならともかく、サラリーマン経営者が親会社を率いている場合、上場子会社の完全子会社化は一朝一夕で事を運ぶのが難しい。取締役会で議題には上るものの、極力先送りにされがちだという傾向がうかがえる。

それよりも、上場会社のサラリーマン経営者にとって喫緊の課題は、

東証から要請されているPBR（株価純資産倍率）1倍割れの解消だ。PBR1倍を大幅に下回る超割安水準に株価が放置されたままでは、株主総会での再任が危うくなる。

そのような事情から、取締役会の中でも意見が分かれる完全子会社化の話は先送りし、株価上昇に結びつく株式分割を選択したのではないかと推察される。

背景に潜む経営陣の思惑はともかく、投資家の立場からすれば株式分割も歓迎すべき好材料だ。とにかく、東証が従属上場子会社の問題に一歩踏み込んだことによって、親子上場の解消やMBOなどといった動きが活発化してきたことは間違いない。さらに、スタジオジブリを傘下に収めた日本テレビのように、子会社を巧みに活用したグループ戦略を打ち出してくる動きも期待できよう。

なお、親子上場の問題を解決する方法は、完全子会社化して少数株主の存在しない状態にするパターンだけにとどまらない。親会社は保有株の多くを売却し、親子の関係ではなくすというパターンも考えられる。

いち早く、それら2つを使い分けてグループを再編したのが日立製作所だ。長く「日立御三家」に位置づけられてきた日立電線、日立金属、日立化成の保有株は放出し、親子の関係を断ち切った。かつて20社以上も存在した日立の上場子会社は、今や1社もない。本体の長期的な経営戦略にも深く関係する情報通信分野の傘下企業については、完全子会社化によって親子関係を解消したのだ。今回の東証の要請が大掛かりなグループ再編に結びつく可能性もある。

新NISAで買うべき株

01

日本テレビホールディングス

東証プライム 9404

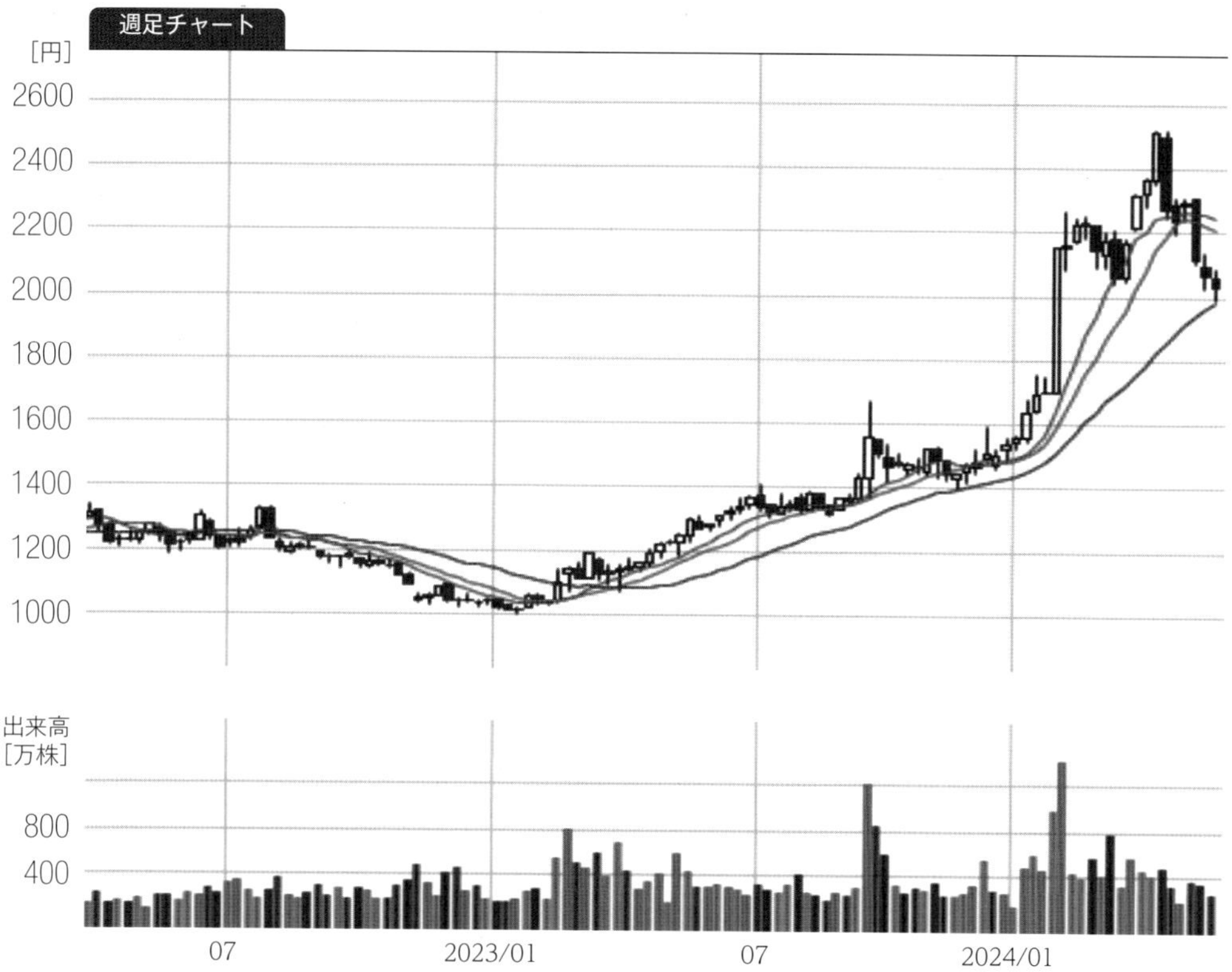

〈目標株価〉 **2500**円 ← 〈現在株価〉 **2032.5**円

銘柄データ

売買単位	100株
最低投資金額	20万3250円
時価総額	5362億円
配当利回り	1.97%
PER	14.63倍
BPS	3645.7円
外国人持ち株比率	19.1%
信用倍率	10.99倍
自己資本比率	77.6%
本決算	3月末

２０２４年３月以降、テレビ局各社の株価水準が大幅に訂正されてきたが、それでもＰＢＲが１倍を割っており、依然として上値余地が大きい。テレビ局の中でも日本テレビは好材料が多い。２０２３年10月にはスタジオジブリを子会社化し、３月には農業収穫体験やアウトドアアクティビティ、グランピング施設などを運営するザファームとの資本業務提携を発表した。ドル箱のテレビ広告がジリ貧であるだけに、新たな成長の柱となりうるコンテンツや事業を獲得したことは朗報だ。

業績データ

	単位：百万円				単位：円		配当性向
	売上高	営業利益	経常利益	純利益	1株益	1株配	
前々期実績（2023.03）	413,979	46,593	51,775	34,081	133.6	37	27.7%
前期実績（2024.03）	423,523	41,877	49,503	34,660	136.4	40	29.3%

チャート出所：「株探」https://kabutan.jp

02 INPEX（インペックス）

東証プライム 1605

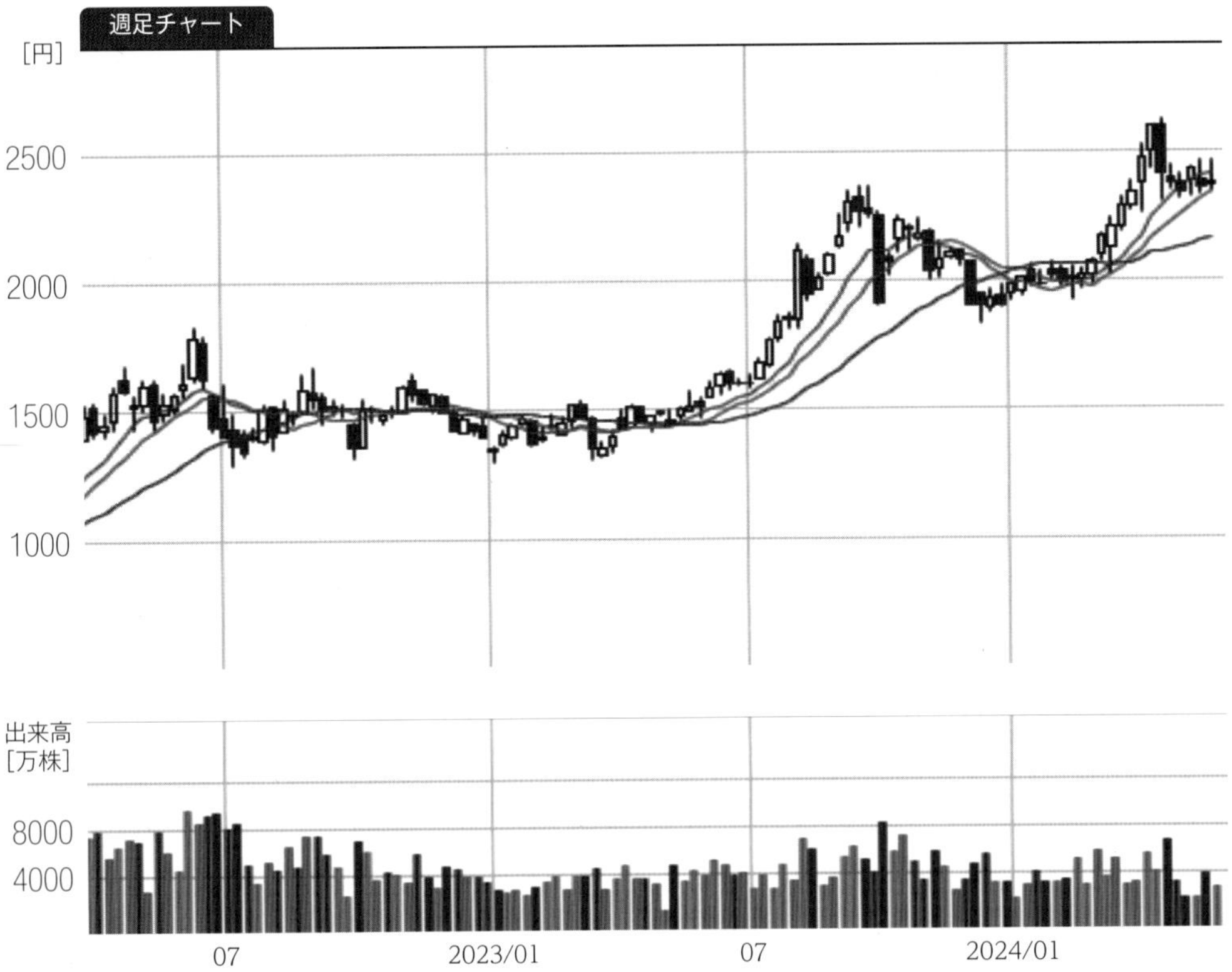

〈目標株価〉 **3300円** ← 〈現在株価〉 **2371円**

国策会社だった国際石油開発と、1950年に民営化された帝国石油との経営統合で誕生。経済産業大臣が20%弱の普通株、1株の黄金株（買収関連の決議に拒否権を行使できる株式）を保有。外部企業による買収が不可能で、株価はその分ディスカウントされ、PBRは1倍を大きく割り込んでいる。だが、株式市場改革を推進する経産省にとって、系列企業とも言えるINPEXの低PBRを看過するのは都合が悪い。自己資本比率は63・5%に達し、自社株買いの余力も十分だ。

銘柄データ

売買単位	100株
最低投資金額	23万7100円
時価総額	2兆9854億円
配当利回り	3.21%
PER	8.29倍
BPS	3629.1円
外国人持ち株比率	25.4%
信用倍率	8.14倍
自己資本比率	63.5%
本決算	12月末

業績データ

	単位：百万円				単位：円		配当性向
	売上高	営業利益	経常利益	純利益	1株益	1株配	
前々期実績（2022.12）	2,324,660	1,246,408	1,441,995	461,069	337.4	62	18.4%
前期実績（2023.12）	2,164,516	1,114,189	1,253,384	321,708	248.6	74	29.8%

チャート出所：「株探」https://kabutan.jp

新NISAで買うべき株
03
ソマール

東証スタンダード
8152

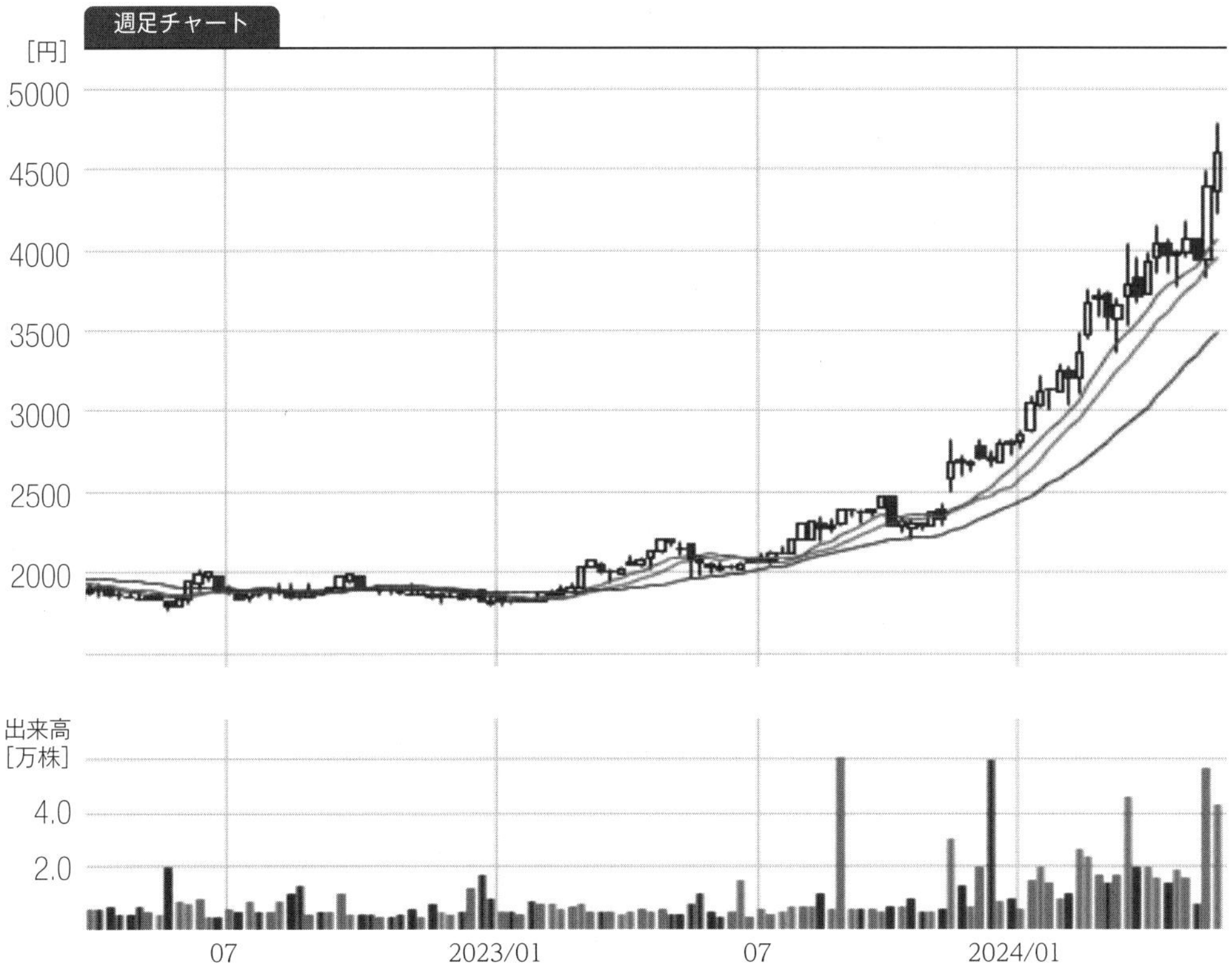

〈目標株価〉
6000円

〈現在株価〉
4605円

機能性化学品を主力とする専門商社でメーカー機能を併せ持ち、自社開発の好採算品の割合が上昇中。そのドル箱は高機能フィルムで、需要急拡大を受け、2024年3月期は過去最高益を大幅更新。50円から70円に増配してもPBRは超割安。創業家が約50％の株式を保有し、東証がMOM条項を導入すれば、彼らが役員の座を追われる恐れも。東証の要請に応えて株価に配慮した経営を行うか、MBO（経営陣による企業買収）で上場廃止に踏み切るかの選択を迫られている。

銘柄データ

売買単位	100株
最低投資金額	46万500円
時価総額	90億円
配当利回り	1.52%
PER	6.38倍
BPS	8899.1円
外国人持ち株比率	5.7%
信用倍率	346.00倍
自己資本比率	64.2%
本決算	3月末

業績データ

	単位：百万円				単位：円		配当性向
	売上高	営業利益	経常利益	純利益	1株益	1株配	
前々期実績(2023.03)	25,059	796	886	611	315.1	50	15.9%
前期実績(2024.03)	26,649	1,797	1,908	1,371	707.1	70	9.9%

チャート出所：「株探」https://kabutan.jp

新NISAで買うべき株

04

ユアテック

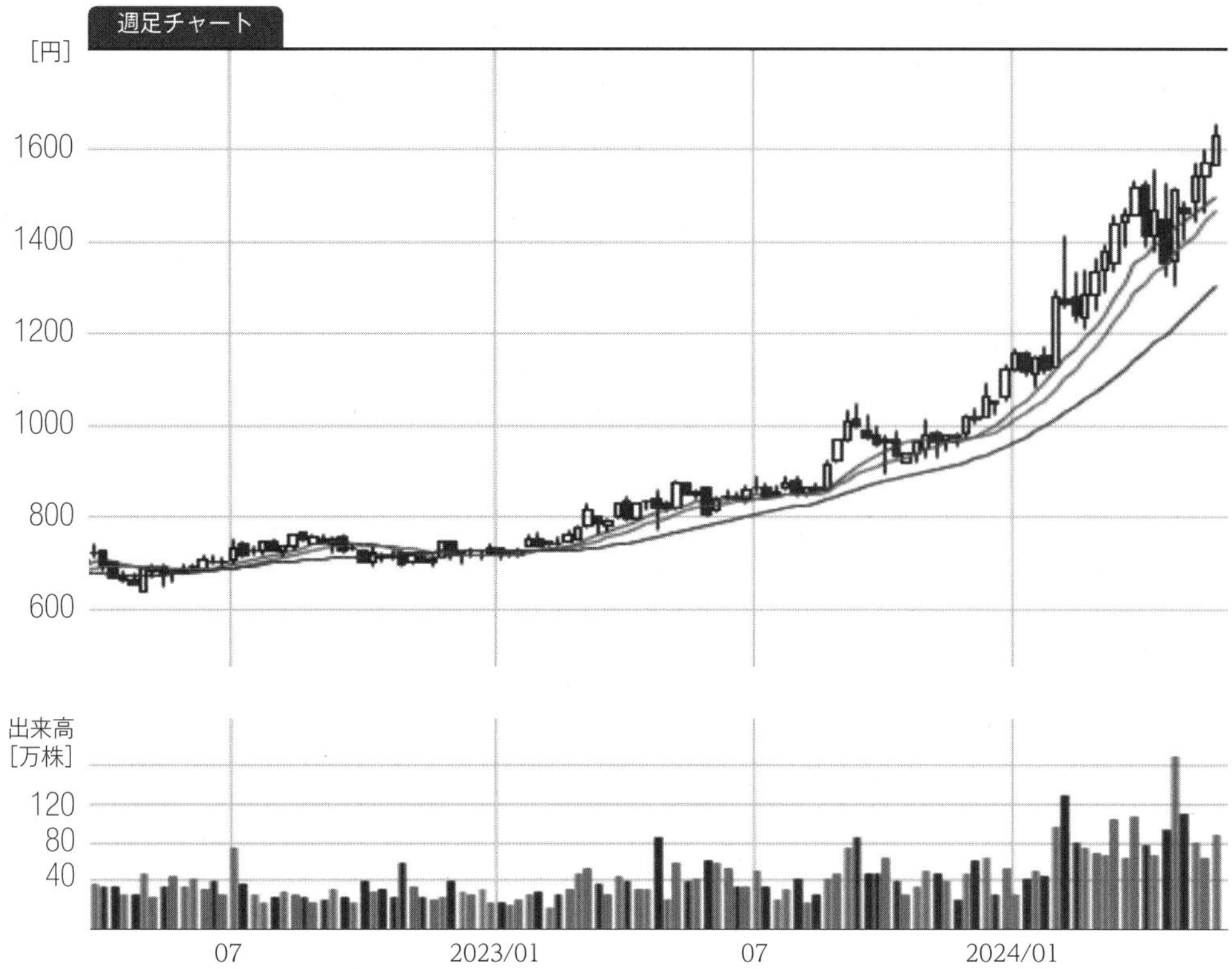

〈目標株価〉 **2000円** ← 〈現在株価〉 **1629円**

銘柄データ

売買単位	100株
最低投資金額	16万2900円
時価総額	1177億円
配当利回り	2.82%
PER	14.24倍
BPS	1986.5円
外国人持ち株比率	9.9%
信用倍率	10.30倍
自己資本比率	61.5%
本決算	3月末

東北電力が41・4%の株を持つ実質子会社で、総合電気工事を手掛けている。青森を中心に東北は強風が吹きやすく、風力発電の好適地が多い。ユアテックはその地盤を活かし、風力発電工事で高い実績を獲得している。電力系電気工事会社（9社）は親子上場であるうえ、概してPBRが低かったことから、東証から要請を機に株価の水準訂正が進んだ。とはいえ、依然としてユアテックは1倍割れで、親子上場解消の思惑も働きやすく、水準訂正がさらに進む可能性は高い。

業績データ

	単位：百万円				単位：円		配当性向
	売上高	営業利益	経常利益	純利益	1株益	1株配	
前々期実績（2023.03）	227,366	9,538	10,501	6,561	91.7	28	30.5%
前期実績（2024.03）	243,171	10,523	11,885	7,510	104.8	42	40.1%

東証プライム 1934

チャート出所：「株探」https://kabutan.jp

新NISAで買うべき株

05 ナカノフドー建設

東証スタンダード 1827

2004年に旧ナカノコーポレーションが旧不動建設（現不動テトラ）から建設事業の営業部門を譲り受け、現社名へ変更。医療から物流まで、多様な民間施設の建築を請け負う中堅ゼネコン。創業一族が約4割の株式を保有し、東証が導入を検討しているMOM条項が脅威に。2025年3月期は2ケタ減益見通しだが、増配余力大。

〈現在株価〉516円 → 〈目標株価〉730円

銘柄データ

売買単位	100株
最低投資金額	5万1600円
時価総額	178億円
配当利回り	3.10%
PER	8.87倍
BPS	1183.1円
外国人持ち株比率	8.2%
信用倍率	47.32倍
自己資本比率	50.4%
本決算	3月末

業績データ

	単位：百万円				単位：円		配当性向
	売上高	営業利益	経常利益	純利益	1株益	1株配	
前々期実績(2023.03)	114,459	2,859	3,134	1,914	55.7	13	23.3%
前期実績(2024.03)	107,415	3,185	3,835	2,645	77.0	16	20.8%

新NISAで買うべき株

06 豊田自動織機

東証プライム 6201

トヨタグループの源流・本家で、フォークリフトや車両組立などを手掛ける。2022年からグループ内では不祥事が相次ぎ、2024年1月にも認証試験不正が発覚。また、同年5月に英投資ファンドのアセット・バリュー・インベスターズは、豊田自動織機とその子会社であるアイチコーポレーションに親子上場解消を要求した。

〈現在株価〉1万4670円 → 〈目標株価〉1万9000円

銘柄データ

売買単位	100株
最低投資金額	146万7000円
時価総額	4兆7801億円
配当利回り	1.91%
PER	17.52倍
BPS	1万9472.5円
外国人持ち株比率	21.9%
信用倍率	5.57倍
自己資本比率	54.6%
本決算	3月末

業績データ

	単位：百万円				単位：円		配当性向
	売上高	営業利益	経常利益	純利益	1株益	1株配	
前々期実績(2023.03)	3,379,891	169,904	262,967	192,861	621.2	190	30.6%
前期実績(2024.03)	3,833,205	200,404	309,190	228,778	736.9	240	32.6%

新NISAで買うべき株

07 寺崎電気産業

東証スタンダード 6637

配電制御システムと遮断機を製造する大手で、船舶向けでは世界首位級の実績。海外売上比率が半分前後を占め、円安メリットは絶大。また、世界の大型既存外航船にCO_2排出規制が導入され、中長期的な業績拡大への期待が高まる。排出量の削減目標値を設定することで、既存船の改造や新造船への代替を促進するのが同規制の狙いだ。

〈現在株価〉1980円 → 〈目標株価〉2700円

銘柄データ

売買単位	100株
最低投資金額	19万8000円
時価総額	258億円
配当利回り	1.31%
PER	11.22倍
BPS	3591.4円
外国人持ち株比率	9.2%
信用倍率	ー倍
自己資本比率	68.8%
本決算	3月末

業績データ

	単位：百万円				単位：円		配当性向
	売上高	営業利益	経常利益	純利益	1株益	1株配	
前々期実績(2023.03)	44,253	2,868	3,479	2,345	180.0	20	11.1%
前期実績(2024.03)	52,065	4,921	5,773	4,014	308.2	36	11.7%

新NISAで買うべき株

08 シー・エス・ランバー

東証スタンダード 7808

住宅建築に用いる木材をあらかじめ工場で切断・加工する事業者の大手で、建築請負事業や不動産賃貸事業にも手を広げている。創業家の持ち株比率が過半に達する一方で、配当性向はわずか6・6%に過ぎず、典型的な株主軽視の企業と言える。やはり、東証がMOM条項の導入を計画していることに危機感を抱いているはず。

〈現在株価〉3350円 → 〈目標株価〉4100円

銘柄データ

売買単位	100株
最低投資金額	33万5000円
時価総額	62億円
配当利回り	2.39%
PER	4.43倍
BPS	5409.9円
外国人持ち株比率	2.9%
信用倍率	ー倍
自己資本比率	40.2%
本決算	5月末

業績データ

	単位：百万円				単位：円		配当性向
	売上高	営業利益	経常利益	純利益	1株益	1株配	
前々期実績(2022.05)	25,126	4,062	4,029	2,766	1,508.4	80	5.3%
前期実績(2023.05)	24,547	3,248	3,182	2,235	1,212.0	80	6.6%

新NISAで買うべき株

09 南海プライウッド

東証スタンダード 7887

住宅内装材の大手で、収納家具や天井材に強い。PBRもPERも超割安。2023年3月期は特別利益の計上でEPSが過去最高値に達したが、200円から150円に減配し、総還元性向（配当＋自社株買い）はわずか9・1%。東証の要請で自社株買いや増配に動く可能性が高い。ただし、かなりの品薄株で株価の乱高下には注意。

〈現在株価〉6350円 → 〈目標株価〉8000円

銘柄データ

売買単位	100株
最低投資金額	63万5000円
時価総額	64億円
配当利回り	2.36%
PER	15.37倍
BPS	2万4785.3円
外国人持ち株比率	4.0%
信用倍率	ー倍
自己資本比率	74.4%
本決算	3月末

業績データ

	単位：百万円				単位：円		配当性向
	売上高	営業利益	経常利益	純利益	1株益	1株配	
前々期実績(2023.03)	23,061	906	880	1,590	1,645.6	150	9.1%
前期実績(2024.03)	23,774	848	1,844	948	980.1	150	15.3%

新NISAで買うべき株

10 藤井産業

東証スタンダード 9906

北関東を地盤に電設資材や電気機器の販売を展開する専門商社で、施工も手掛ける。コロナ禍を抜けて世界的に経済活動が本格再開したことに伴い、電線不足が深刻化して価格が高騰。同社も2023年3月期から価格転嫁でき、過去最高の売上高と利益を記録したうえ、翌期はさらにそれらを更新。やはり、創業家の持株比率が高い。

〈現在株価〉2844円 → 〈目標株価〉3700円

銘柄データ

売買単位	100株
最低投資金額	28万4400円
時価総額	285億円
配当利回り	3.52%
PER	7.07倍
BPS	4071.5円
外国人持ち株比率	4.0%
信用倍率	ー倍
自己資本比率	53.3%
本決算	3月末

業績データ

	単位：百万円				単位：円		配当性向
	売上高	営業利益	経常利益	純利益	1株益	1株配	
前々期実績(2023.03)	82,714	3,674	4,208	2,742	324.1	65	20.1%
前期実績(2024.03)	91,059	4,966	5,585	3,657	432.3	100	23.1%

〈テーマ〉
PBR1倍割れ是正

増配や自社株買いなどの株価浮揚策が今後も続出！

依然、プライム市場の4割がPBR1倍割れで是正が急務

山本伸

マネーリサーチ代表、経済情報誌『羅針儀』主宰。1985年より経済ジャーナリスト、株式評論家として、株式・金融情報に関する執筆活動、講演活動など幅広く活躍。『株式新聞』にて、「山本伸の株式調査ファイル」を好評連載中。

東証と行政による三位一体の市場改革

2023年3月、東京証券取引所は資本を効率的に活用していない上場企業に対し、改善計画を開示させる方針を掲げた。そして、資本活用の効率性に関しては、PBR1倍割れや、ROE（自己資本利益率）8%未達といった数値をモノサシとして示した。

PBR1倍割れとは、現状の株価がその会社の解散価値を下回っていることを意味している。一方、ROEは株主から託された資本を活用してどれだけの利益を稼いでいるのかを示した数値だ。業界によって妥当な水準が異なるものの、8～10%程度の水準に達していないと投資対象として不適格と見なすのが一般的な解釈である。

「PBRやROEが低水準＝資本効率の悪い経営を続けている」のは、いわば株主に対する背信行為。明らかに株主を軽視した経営であり、改善計画の開示要請は意識改革を迫ったものだ。しかも、それは東証が単独で求めているものではなく、経済産業省、金融庁とともに三位一体となって取り組んできた日本の株式市場再生の切り札なのである。

まず、経産省は2014年に「伊藤レポート」を公表した。これは、伊藤邦雄一橋大学教授（当時）を座長としたプロジェクトの最終報告書で、日本の企業が取り組むべきコーポレートガバナンス（企業統治）改革について提言したものだ。この中でも「上場企業は最低でもROE8%を目指すべき」と指摘している。

また同年、金融庁は「日本版スチュワードシップ・コード（責任ある機関投資家の諸原則）」を公表した。機関投資家のあるべき姿や行動について示した指針で、投資先企業に対する経営監視強化などを狙ったもの。2010年に英国で定められたものを参考に日本版が策定された。

東証の要請に続いて金融庁が援護射撃

さらに、その翌年には金融庁と東証が共同で「コーポレートガバナンス・コード（実効的な企業統治を実現するための主要原則）」を制定。併せてその内容に関連する上場規則も改正され、同年6月からすべての上場企業に適用されることになった。コーポレートガバナンス・コードは2018年6月と2021年6月に改定され、最高経営責任者の選任・解任、人材の多様性、人的資本に関する情報開示、サステナビリティを巡る課題への取り組みなどが新たに

盛り込まれている。

PBR1倍割れの是正を求めた東証の援護射撃を買って出たかのように、2023年4月に金融庁は上場企業にコーポレートガバナンス改革を促す新たな行動計画（アクションプログラム）を策定した。それに先駆けて金融庁は、2022年秋から海外の機関投資家とコミュニケーションを交わし、日本企業のガバナンスにおける課題を整理していた。

そして、有識者会議でその内容などについて議論が交わされ、テーマごとにアクションプログラムが随時公表されてきた。ちなみに、その名称は「スチュワードシップ・コード及びコーポレートガバナンス・コードのフォローアップ会議」意見書で、2024年5月時点で第6弾まで同庁ホームページで公開されている。

参考までに第6弾の意見書において「具体的な課題」として指摘されていたのは以下の3点だ。

①資本コストを踏まえた収益性・成長性を意識した経営の促進、人的資本への投資をはじめとするサステナビリティに関する取組みの促進といった経営上の課題

②取締役会や指名委員会・報酬委員会の実効性向上、独立社外取締役の質の向上といった独立社外取締役の機能発揮に関する課題

③情報開示の充実、法制度上・市場環境上の課題解決といった企業と投資家との対話に関する課題

率直に言えば、それらはいずれもコーポレートガバナンス・コードなどで指摘されてきたことである。言い換えれば、いまだに改革に対する意識が低い企業が少なくないことから、金融庁が再三にわたってハッパをかけているのだ。さらに、東証が「PBR1倍割れ是正」という数値目標を掲げ、具体的に何をすればいいのかが明確に示された。

政府が「資産所得倍増」を公約に掲げ、貯蓄から投資へのシフトを促していることも、三位一体の株式市場改革にとって追い風となっている。2024年1月から非課税枠が拡充された新NISA（少額投資非課税制度）がスタートし、株式市場に資金が流れ込みやすい環境が整った。より多くの日本企業がコーポレートガバナンス改革に正面から取り組むことは、持続的な成長に結びつく。そしてそれは、株価の上昇や配当の増額（増配）を通じて国民の資産所得を拡大させることにも貢献するのだ。

意外な大手企業もPBR1倍割れのまま

こうして東証と経産省、金融庁が本気でテコ入れを図ろうとしていることから、長らく株主軽視の経営を続けてきた企業の多くも、さすがに目の色が変わったようだ。要請の直後から、増配や自社株買いなどといった株価上昇策を講じる企業が続出。その結果、東証の要請から1年を経た2024年3月末の時点では、東証プライム市場においてPBRが1倍を超えている企業が全体の6割を占めるようになった。東証1部時代も含めた過去10年間で、最高のウエートに達しているという。

だが、その事実を裏側から見つめ返すと、まだまだ改革は途上だと言えるだろう。依然として、全体の4割に上る企業がPBR1倍割れのままになっているのだ。米国のS&P500指数構成銘柄の中で、PBRが1倍を割っている企業は全体の数%に過ぎない。いまだに数多くの日本企業が改革に未着手のままだ。

ただ、まだ多数派だった頃は消極的な姿勢で通用したかもしれないが、4割まで絞り込まれてくると、さすがに寝たふりを続けられないはず。尻に火がついたことに気づき、慌てて株価浮上策を練り始めた企業が水面下で急増しているだろう。

そういった観点に立てば、PBRやPER（株価収益率）が低倍率の超割安株で、業績が好調であったり、内部留保を豊富に貯め込んでいたりする銘柄が狙い目だ。意外に感じるかもしれないが、低PBRに甘んじているのは、地味で知名度が高くない銘柄ばかりではない。生保大手のかんぽ生命や証券最大手の野村ホールディングスのようなガリバーも、その中に含まれているのだ。

新NISAで買うべき株

11

萩原電気ホールディングス

東証プライム 7467

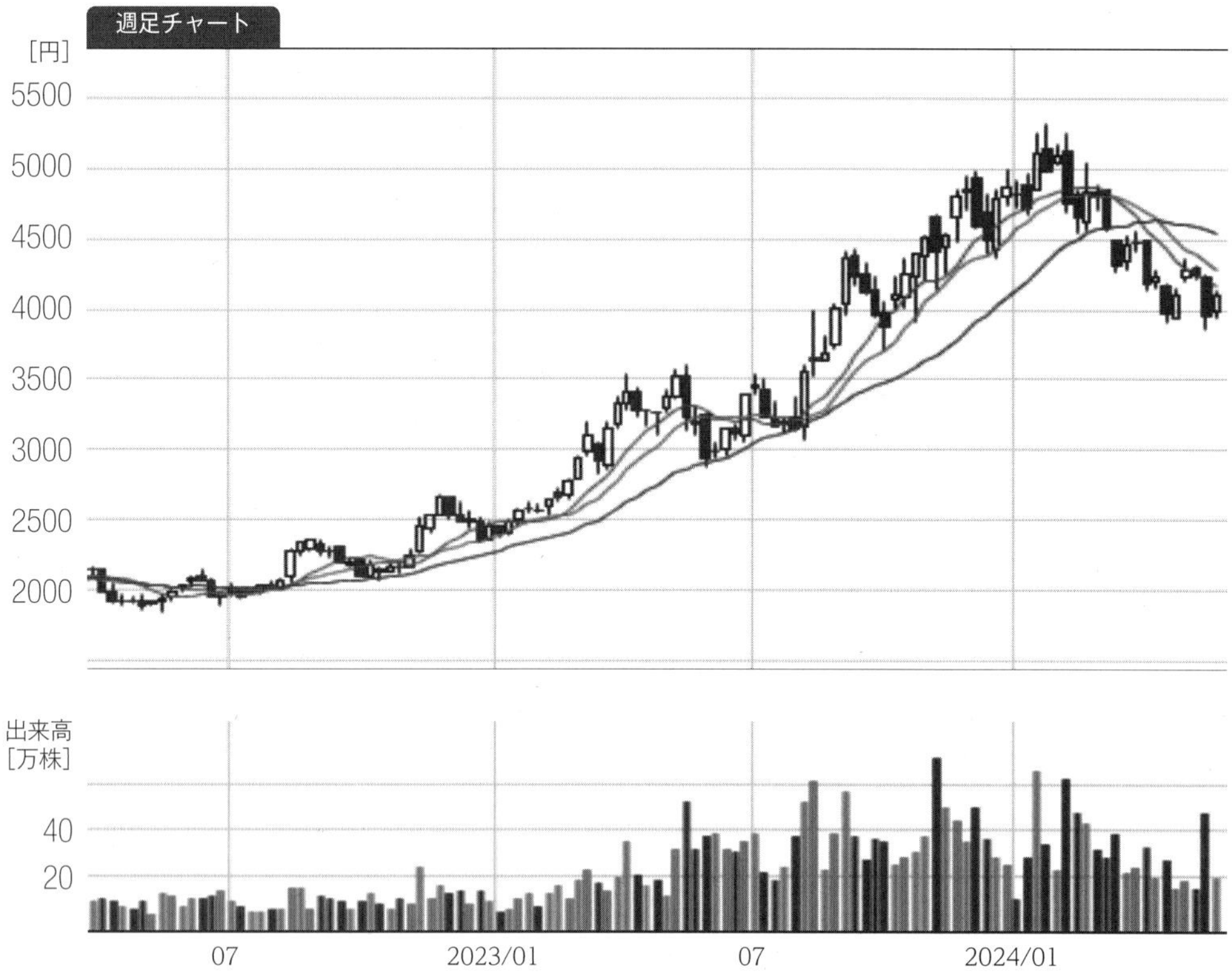

〈目標株価〉 **5200**円 ← 〈現在株価〉 **4105**円

東海地区が地盤のエレクトロニクス商社で、車載用の半導体や電子部品など、売上の約9割が自動車業界に集中し、デンソー向けが約6割を占める。2022年3月期以降は増収増益が続いており、連続増配も実施。EVで出遅れたトヨタは生産体制の強化を図り、2026年には世界で100万台規模の供給を目指していることから、萩原電気にもさらなる業績拡大の追い風に。2024年1月に株価は上場来高値を大幅更新したものの、その後の調整でPBR1倍割れの状態に戻った。

銘柄データ

売買単位	100株
最低投資金額	41万500円
時価総額	415億円
配当利回り	4.51%
PER	8.89倍
BPS	4839.9円
外国人持ち株比率	12.9%
信用倍率	153.40倍
自己資本比率	40.3%
本決算	3月末

業績データ

	単位：百万円				単位：円		配当性向
	売上高	営業利益	経常利益	純利益	1株益	1株配	
前々期実績 (2023.03)	186,001	6,725	6,417	4,912	554.7	155	27.9%
前期実績 (2024.03)	225,150	7,711	7,221	4,421	458.8	185	40.3%

チャート出所：「株探」https://kabutan.jp

新NISAで買うべき株

12

住友金属鉱山

東証プライム
5713

週足チャート

〈目標株価〉
6600円

〈現在株価〉
5196円

ロシアのウクライナ侵攻を機に暴騰したのは、ニッケルを筆頭とする非鉄金属の先物価格。２０２３年は下落に転じたものの、２０２４年に入ってから再びジリジリと上昇傾向を示している。住友金属鉱山は世界におけるニッケルメジャーの一角で、金や銅でも準大手の位置につけている。依然として世界的にインフレ傾向が続いていることから、金価格は史上最高値を大幅に更新し続けてきた。日本国内における金関連銘柄の代表格としても、資金が流入しやすい。

銘柄データ

売買単位	100株
最低投資金額	51万9600円
時価総額	1兆5111億円
配当利回り	1.91%
PER	25.49倍
BPS	6487.2円
外国人持ち株比率	34.5%
信用倍率	10.81倍
自己資本比率	58.9%
本決算	3月末

業績データ

	単位：百万円				単位：円		配当性向
	売上高	営業利益	経常利益	純利益	1株益	1株配	
前々期実績(2023.03)	1,422,989	―	229,910	160,585	584.4	205	35.1%
前期実績(2024.03)	1,445,388	―	95,795	58,601	213.3	98	45.9%

チャート出所：「株探」https://kabutan.jp

新NISAで買うべき株

13

ASTI（アスティ）

東証スタンダード
6899

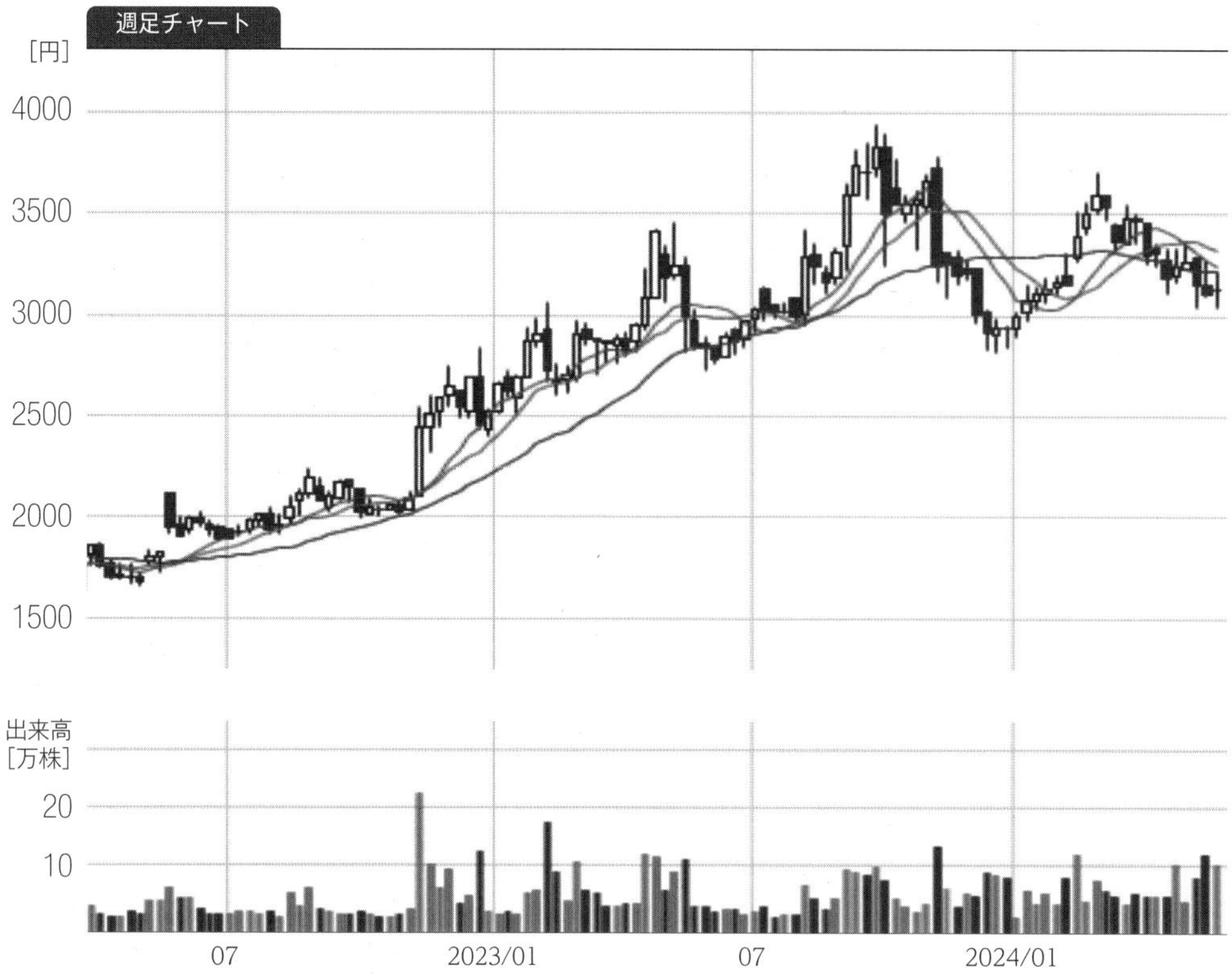

〈目標株価〉 **4000**円 ← 〈現在株価〉 **3135**円

車載用電装品と民生用制御機器、ワイヤーハーネスの製造販売が中核事業で、東海地区を地盤とし、スズキやヤマハ発動機、パナソニックグループ、デンソーなど、同エリアに生産拠点を有する企業向けの供給が多い。過去最高の売上高を記録した２０２３年３月期に前期50円だった配当を90円に増配したが、２０２４年３月期も１５０円に引き上げ、株主還元にも力を入れている。２０２２年の春頃から株価も上昇トレンドを描いてきたが、依然としてＰＢＲは超割安水準だ。

銘柄データ

売買単位	100株
最低投資金額	31万3500円
時価総額	107億円
配当利回り	4.78%
PER	6.12倍
BPS	7769.4円
外国人持ち株比率	14.4%
信用倍率	ー倍
自己資本比率	50.6%
本決算	3月末

業績データ

	単位：百万円				単位：円		配当性向
	売上高	営業利益	経常利益	純利益	1株益	1株配	
前々期実績(2023.03)	64,883	1,894	2,095	1,512	483.9	90	18.6%
前期実績(2024.03)	63,607	2,234	3,081	2,695	862.3	150	17.4%

チャート出所：「株探」https://kabutan.jp

新NISAで買うべき株

14

かんぽ生命保険

東証プライム 7181

週足チャート

〈目標株価〉 **3500円** ← 〈現在株価〉 **2856円**

日本人の約６人に１人が加入している生命保険大手の一角で、コロナ禍における保険金支払いの増加や有価証券の売却損の拡大に伴い、２０２３年３月期の経常利益は前期比で大幅減益。増収増益となった翌期も、最終益は前期比でマイナスに。だが、２０２１年に発表した中期経営計画では２０２５年度まで減配しない方針を打ち出し、連続増配を実施。政府の保有株放出に伴う需給悪化懸念から株価がディスカウントされ、ＰＢＲはプライム市場の主力株の中でも際立って低水準。

銘柄データ

売買単位	100株
最低投資金額	28万5600円
時価総額	1兆944億円
配当利回り	3.64%
PER	13.84倍
BPS	8871.6円
外国人持ち株比率	17.2%
信用倍率	17.29倍
自己資本比率	5.6%
本決算	3月末

業績データ

	単位：百万円				単位：円		配当性向
	売上高	営業利益	経常利益	純利益	1株益	1株配	
前々期実績(2023.03)	6,379,561	―	117,570	97,614	249.5	92	36.9%
前期実績(2024.03)	6,744,134	―	161,173	87,056	227.5	94	41.3%

チャート出所：「株探」https://kabutan.jp

15 カメイ

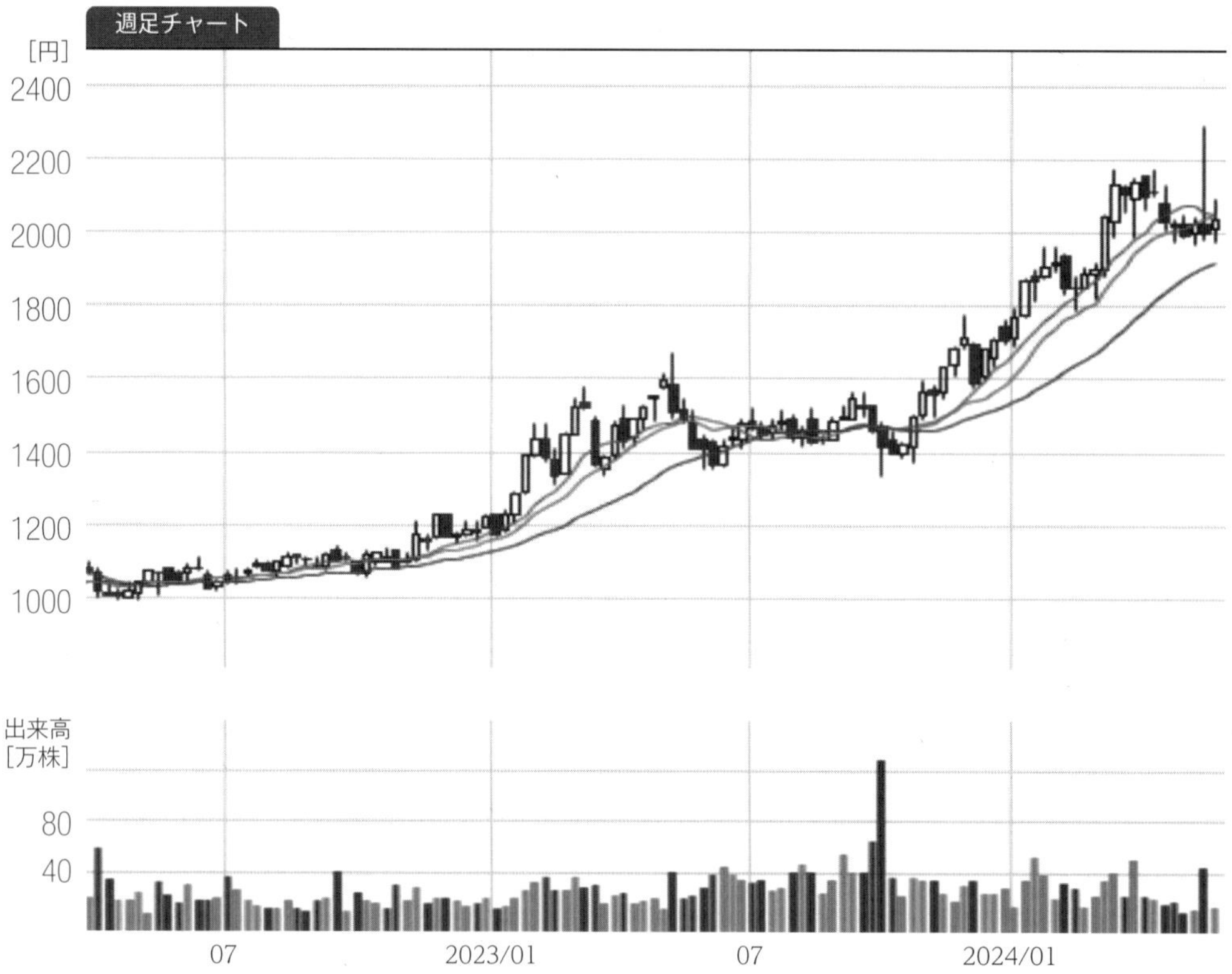

〈目標株価〉 **2600**円 ← 〈現在株価〉 **2039**円

銘柄データ

売買単位	100株
最低投資金額	20万3900円
時価総額	767億円
配当利回り	2.75%
PER	7.21倍
BPS	4494.2円
外国人持ち株比率	17.0%
信用倍率	196.15倍
自己資本比率	46.5%
本決算	3月末

東北地方を地盤に、重油やガソリン、LPガスなどのエネルギーなどを主に取り扱う燃料商社。また、子会社の仙台トヨペットによる自動車販売や、住宅関連、調剤薬局チェーン、ペット事業なども展開。業績も好調で、2024年3月期には8期ぶりに過去最高益を更新。連続増配も行っているが、それでも総還元性向（配当＋自社株買い）は業界平均を下回っている。安定的な収益が見込める業界だからこそ、総還元性向を高める経営改革に取り組めば、株価の水準訂正余地は大きい。

業績データ

	単位：百万円				単位：円		配当性向
	売上高	営業利益	経常利益	純利益	1株益	1株配	
前々期実績(2023.03)	551,245	15,619	16,668	8,562	254.8	40.5	15.9%
前期実績(2024.03)	572,233	15,671	17,053	10,111	300.9	48	16.0%

東証プライム 8037

チャート出所：「株探」https://kabutan.jp

新NISAで買うべき株

16

阪和興業

東証プライム 8078

週足チャート

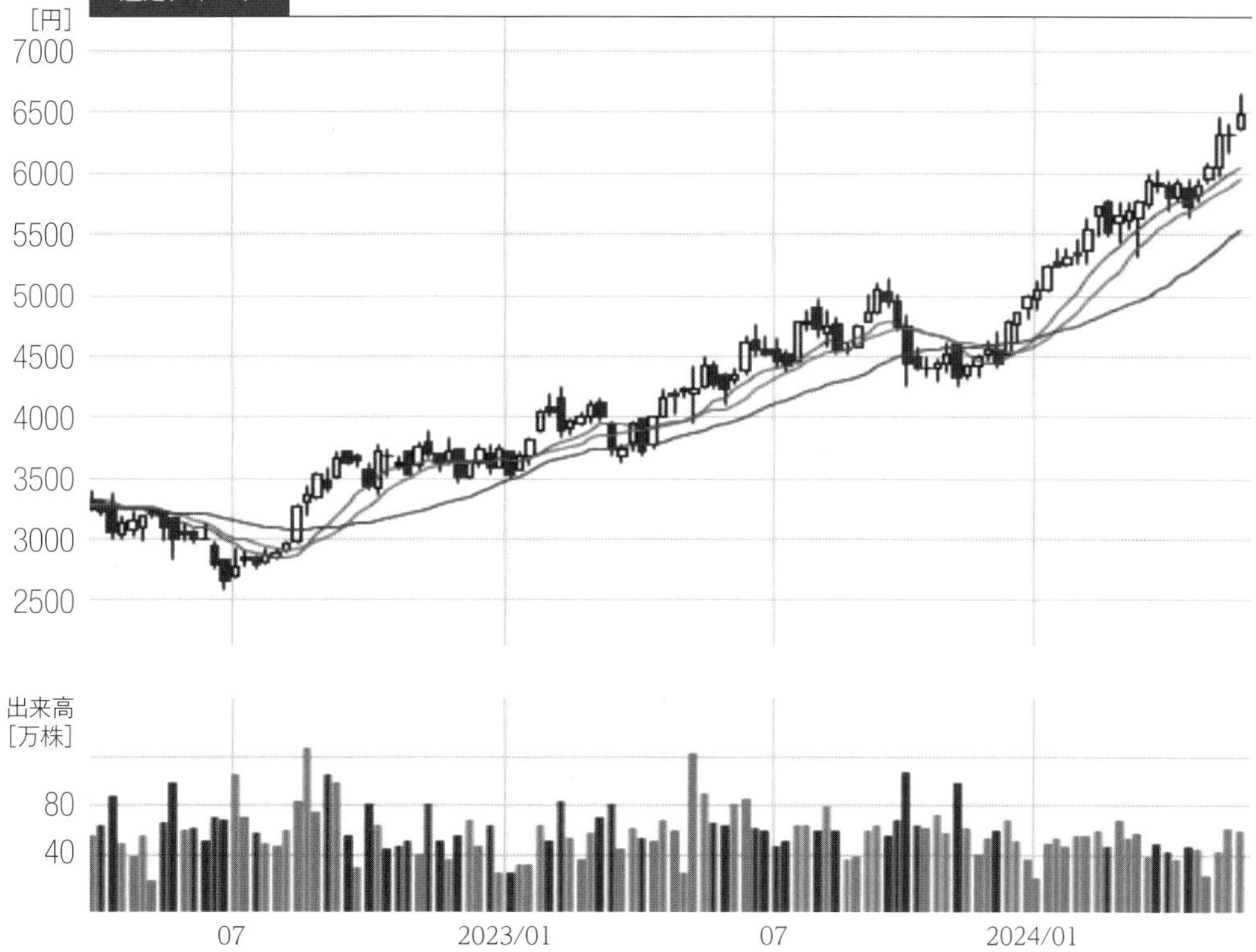

〈目標株価〉 **8000**円 ← 〈現在株価〉 **6490**円

銘柄データ

売買単位	100株
最低投資金額	64万9000円
時価総額	2747億円
配当利回り	3.24%
PER	6.14倍
BPS	8636.0円
外国人持ち株比率	28.5%
信用倍率	4.46倍
自己資本比率	30.1%
本決算	3月末

鉄鋼専門商社として知られるが、非鉄金属や水産物などにも手を広げて総合商社化を図っている。円安で国内鉄鋼価格が高止まりしているうえ、ニッケルやコバルトがスマートフォン向けのみならず、EV向けにおいても急成長中。ホンダとEV用のリチウムイオン電池用レアメタルの安定調達で戦略的提携を結んだ。2019年発表の中期経営計画で「2030年度経常利益500億円」を掲げていたが、8年前倒しで達成。新中計では、2025年度に経常利益700億円を目指す。

業績データ

	単位：百万円				単位：円		配当性向
	売上高	営業利益	経常利益	純利益	1株益	1株配	
前々期実績 (2023.03)	2,668,228	64,105	64,272	51,505	1,267.4	130	10.3%
前期実績 (2024.03)	2,431,980	49,722	48,276	38,417	944.9	185	19.6%

チャート出所：「株探」https://kabutan.jp

新NISAで買うべき株

17 ナイス

東証スタンダード 8089

木材卸売り国内最大手で、マンション・戸建て分譲が第2の柱。2021年に家電販売最大手のヤマダホールディングスと資本業務提携を結び、同社が筆頭株主に。2021年のウッドショック（木材価格高騰）で業績はV字回復したが、建材価格の大幅下落などで2023年3月期から減益基調に。津戸新社長の成長戦略に期待が高まる。

〈現在株価〉1893円 → 〈目標株価〉2300円

銘柄データ

売買単位	100株
最低投資金額	18万9300円
時価総額	231億円
配当利回り	3.43%
PER	6.98倍
BPS	4489.0円
外国人持ち株比率	2.3%
信用倍率	68.33倍
自己資本比率	32.8%
本決算	3月末

業績データ

	単位：百万円				単位：円		配当性向
	売上高	営業利益	経常利益	純利益	1株益	1株配	
前々期実績(2023.03)	236,329	5,292	4,949	3,780	320.7	40	12.5%
前期実績(2024.03)	225,869	4,403	4,332	4,204	356.4	60	16.8%

新NISAで買うべき株

18 大分銀行

東証プライム 8392

日銀のマイナス金利解除に伴い、金利上昇による利ザヤの改善期待から銀行株がこぞって上昇した。しかしながら、それでもプライム市場における低PBRランキングで1～5位の常連となっているのが大分銀行。株式市場の評価は低いが、不良債権比率が大幅に改善する一方、店舗数の縮小や人件費の圧縮といったリストラも進んでいる。

〈現在株価〉3425円 → 〈目標株価〉4500円

銘柄データ

売買単位	100株
最低投資金額	34万2500円
時価総額	556億円
配当利回り	2.92%
PER	8.20倍
BPS	1万3769.4円
外国人持ち株比率	14.5%
信用倍率	40.14倍
自己資本比率	4.8%
本決算	3月末

業績データ

	単位：百万円				単位：円		配当性向
	売上高	営業利益	経常利益	純利益	1株益	1株配	
前々期実績(2023.03)	72,905	—	7,796	5,409	342.8	90	26.3%
前期実績(2024.03)	73,240	—	9,083	6,536	413.8	95	23.0%

新NISAで買うべき株 19

野村ホールディングス

東証プライム 8604

言わずと知れた証券最大手だが、そのＰＢＲは同じく大手の一角である大和証券グループ本社やネット証券大手と比べてかなりの低水準に。２０１９年からビジネスモデルの再構築に着手し、投資銀行部門や富裕層ビジネスの強化などを推進。それらが奏功し、２０２４年３月期は４期ぶりに大幅増収増益を遂げ、売上高は過去最高に達した。

〈現在株価〉929円 → 〈目標株価〉1200円

銘柄データ

売買単位	100株
最低投資金額	9万2900円
時価総額	2兆9390億円
配当利回り	－%
PER	－倍
BPS	1127.7円
外国人持ち株比率	29.8%
信用倍率	18.21倍
自己資本比率	6.1%
本決算	3月末

業績データ

	単位：百万円				単位：円		配当性向
	売上高	営業利益	経常利益	純利益	1株益	1株配	
前々期実績(2023.03)	2,486,726	—	149,474	92,786	30.9	17	55.0%
前期実績(2024.03)	4,157,294	—	273,850	165,863	55.0	23	41.8%

新NISAで買うべき株 20

KPグループホールディングス

東証プライム 9274

紙パルプの専門商社で海外企業の大型買収に成功し、２０２２年３月期に日本紙パルプ商事を抜いて業界首位に躍進。２０２３年３月期は売上・利益ともに過去最高を達成し、創立１００周年の２０２４年をターゲットにした長期経営ビジョンの目標もほぼ１年前倒しで達成。反動で翌期は若干の減収減益だったが、連続増配を果たしている。

〈現在株価〉844円 → 〈目標株価〉1250円

銘柄データ

売買単位	100株
最低投資金額	8万4400円
時価総額	618億円
配当利回り	3.32%
PER	5.28倍
BPS	1188.9円
外国人持ち株比率	6.6%
信用倍率	16.01倍
自己資本比率	23.7%
本決算	3月末

業績データ

	単位：百万円				単位：円		配当性向
	売上高	営業利益	経常利益	純利益	1株益	1株配	
前々期実績(2023.03)	659,656	20,401	18,404	15,722	219.1	20	9.1%
前期実績(2024.03)	644,435	15,819	12,475	10,613	149.2	22	14.7%

〈テーマ〉3 宇宙ビジネス

1兆円規模の政府予算出動 ベンチャー企業にも商機

三菱重工、三菱電機がすでに上場来高値圏

天野秀夫

マーケットアドバイザー。証券専門紙で相場記者歴30年以上の大ベテラン。編集局長、代表取締役社長を務めた後、2017年に独立。夕刊フジ、東京商工リサーチでの連載執筆、テレビのコメンテーターや雑誌への寄稿など幅広く活躍。

宇宙開発テーマを支える 国策、スケジュール、新規上場

昨年から新規の相場テーマとして人気化している「宇宙ビジネス」への関心が一段と高まってきそうだ。電気自動車（ＥＶ）、自動車の自動運転、そして足元の生成ＡＩ半導体、データセンターなどのように相場テーマの人気が拡大・持続するには、成長性と話題性、銘柄の多様性と広がり、企業収益への寄与、株価を刺激する明確なスケジュール、そして国策であることが必要条件。宇宙ビジネスはこれらの要素を２０２４年にそろえたテーマだ。

過去にも株式市場で宇宙ビジネス株が注目されたことがある。２０１４年12月に打ち上げられた日本の小惑星探査機「はやぶさ2」が6年の歳月を経て、２０２０年12月に地球と火星の間にある小惑星「リュウグウ」から、ガスの成分を気体状態のまま採取した試料を持ち帰った世界初の快挙が話題となった。

ただ、当時は話題先行で、株式市場において関連株物色の人気は限定的だった。しかし、当時と大きく異なる点は、宇宙ビジネスが「日本政府の国策」「宇宙開発スケジュールの目白押し」「株式市場における宇宙ベンチャーの複数の上場」という3つの要素が絡み、宇宙ビジネスが収益事業として成り立つ黎明期に入り、その物色テーマ性を強めていることにある。

まず、「日本政府の国策」の視点から見ると、日本政府は２０２３年6月に閣議決定された宇宙基本計画の下、２０２３年12月開催の宇宙開発戦略本部で宇宙基本計画工程表を改定、宇宙戦略を支える技術や産業基盤強化の方針を示した。そこでは、「宇宙安全保障の確保」「国土強靱化・地球規模課題への対応とイノベーションの実現」「宇宙科学・探査による新たな知と産業の創造」「スペースデブリ対策を含めた宇宙活動を支える総合的基盤の強化」が主要4施策として掲げられた。

そして、２０２４年3月には「衛星」「宇宙科学・探査」「宇宙輸送」を柱とする宇宙技術戦略の概要がまとめられ、新設した宇宙戦略基金を活用して関連企業の技術革新を資金面で支援することが動き出した。令和5年度補正予算で３０００億円規模の予算が、経済産業省、総務省、文部科学省に振り分けられた。また、政府は日本の宇宙ビジネスの中核拠点であるＪＡＸＡ（ジャクサ・宇宙航空研究開発機構）に10年で1兆円の「宇宙戦略基金」の運用枠を設けて、その基金運用がこの夏からスタ

ートする。大学などの研究機関や既存の民間企業、スタートアップ企業にとって強力な資金供給源となってくる。また、航空自衛隊に宇宙作戦群を立ち上げている防衛省も、防衛力整備計画期間の令和5年度から9年度の間に約1兆円の宇宙関連予算の計画を発表している。

国際間の宇宙開発競争だけでなく、地政学リスクの高まりを背景とした防衛・経済安全保障面、大規模自然災害時や異常気象の多発からくる気象観測の必要性などの面で宇宙衛星の活用度は高まっていることが、宇宙ビジネスを企業の収益事業として成り立たせる背景となっている。

次に株価を刺激する「宇宙開発スケジュール」のトピックスも多いことがこのテーマの特徴でもある。

JAXAは地球観測衛星「だいち4号」を搭載した大型基幹ロケット「H3」3号機の打ち上げを2024年6月30日と発表している。1号機と2号機は試験機だったが、今回から本格運用となり、3号機以降の開発も並行して進展している。

また、米国主導の国際月面探査「アルテミス計画」で、日本人の宇宙飛行士が月面着陸することが正式に決定した。2025年に有人で月周回飛行を行った後、順調に計画が進めば、2028年にも日本は米国に次いで、世界で2番目に月面へ宇宙飛行士が降り立つ可能性がある。

この「アルテミス計画」では、日本が有人探査車を開発して提供することも正式決定しており、探査車を搭載したロケットは2031年に打ち上げられて月面に到達し、2032年に日本人飛行士が後続のロケットで月面に到着して、有人探査車の活動が計画されている。

ちなみに、トヨタ自動車はJAXAと共同で燃料電池車両の月面車「ルナ・クルーザー」を開発中で、正式発表はされていないが、この車両が月面を走行する可能性もある。

アストロスケールが新規上場
宇宙ベンチャーの上場加速

そして、「株式市場における宇宙ベンチャーの複数の上場」という3番目のポイントはすでに走り始めている。宇宙ベンチャー第1号としてアイスペースが2023年4月、同12月にはQPS研究所がそれぞれ東証グロースに新規上場したのに続き、第3のスペースベンチャーであるアストロスケールホールディングスが2024年6月に東証グロースへ新規上場することが正式発表された。

アストロスケールホールディングスは、スペースデブリ（宇宙ごみ）除去の商用化や人工衛星の寿命延長、点検・観測などの軌道上サービス事業を手掛ける企業で、大株主に三菱電機があるほか、三菱UFJ銀行、三菱商事、三菱地所と三菱グループの有力企業が出資していることが特長で、大手ゼネコンの清水建設、空運大手のANAホールディングス、精密切削工具大手のオーエスジー、不動産投資会社のヒューリック、東京海上日動火災保険、システム開発会社のアイネットも出資している。

また、前述した日本政府の「宇宙戦略を支える技術や産業基盤強化の方針」では、スペースデブリ対策が明示されており、国策関連としての意味合いが強いことも注目だ。

国内にはまだ、インターステラテクノロジズ、スペースワンなど有力な宇宙ベンチャーが存在している。宇宙ベンチャーは多額の開発費用を必要とすることから上場意欲は強く、宇宙ビジネス事業を展開する企業が、今後も株式上場を目指してくる期待が膨らんでいる。

宇宙ビジネスは収益につながりにくいことから、これまで相場テーマとしては本格的な人気となりにくい面があった。株式市場ではやはり多額の研究開発費用を必要とするバイオベンチャーの上場ブームが、一時期高まった経緯がある。

実際、黒字化して成長を持続するベンチャー企業は数少ない。ただ、宇宙ベンチャーの場合、国内大手企業が積極的に出資していることが多く、防衛産業との親和性も高いことから、収益の黒字化も進みやすいという可能性を秘めている。宇宙ビジネスはモノづくり日本のフロンティアとして注目していいだろう。

新NISAで買うべき株

21

QPS研究所

東証グロース 5595

〈目標株価〉 **5000**円 ← 〈現在株価〉 **3030**円

銘柄データ

売買単位	100株
最低投資金額	30万3000円
時価総額	1101億円
配当利回り	−%
PER	550.91倍
BPS	244.4円
外国人持ち株比率	−%
信用倍率	19036.50倍
自己資本比率	89.1%
本決算	5月末

２０２３年12月に新規上場した宇宙ベンチャー第２号。悪天候や夜間でも地表面の情報取得が可能な小型ＳＡＲ（合成開口レーダー）衛星の開発・製造と衛星画像データ販売を手掛ける。今年４月には国交省の大規模技術実証事業２件に採択されるなど政府予算を取り込む。商用機衛星の定常運用が順調に進み、２０２４年５月期業績は初の黒字化に上方修正。２０２８年５月期には24機（現状７機）の商用衛星体制の構築が目標。時価総額上位銘柄として高い流動性を持ち、好人気。

業績データ

	単位：百万円				単位：円		配当性向
	売上高	営業利益	経常利益	純利益	1株益	1株配	
前々期実績（＊2022.05）	18	-382	-385	-385	-48.4	0	0.0%
前期実績（＊2023.05）	372	-314	-323	-1,105	-138.2	0	0.0%

チャート出所：「株探」https://kabutan.jp

※「＊」は上場前の決算（以下同）

新NISAで買うべき株

22

ispace（アイスペース）

東証グロース
9348

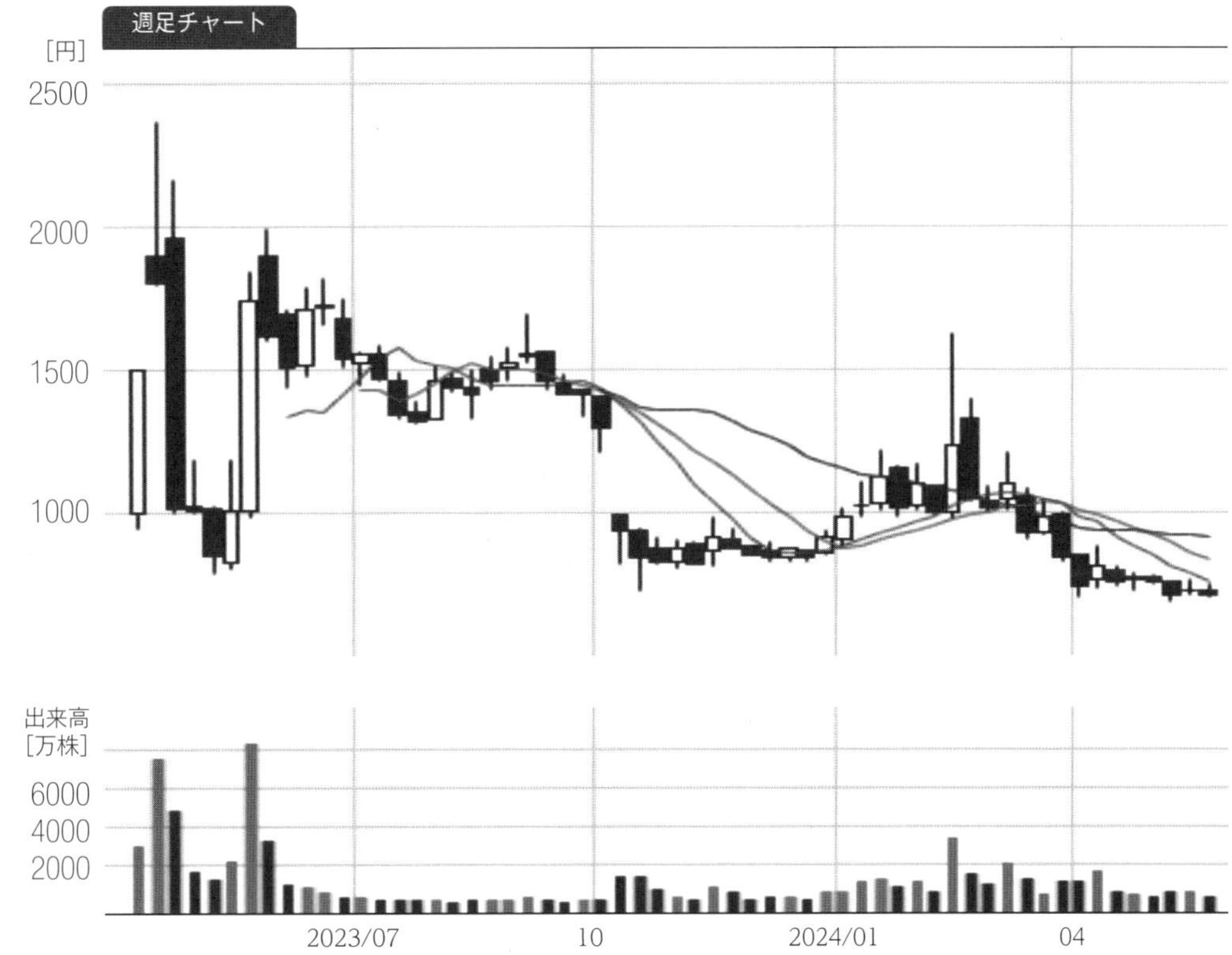

〈目標株価〉 **1200**円 ← 〈現在株価〉 **713**円

銘柄データ

売買単位	100株
最低投資金額	7万1300円
時価総額	664億円
配当利回り	ー%
PER	ー倍
BPS	104.6円
外国人持ち株比率	6.2%
信用倍率	1264.83倍
自己資本比率	36.0%
本決算	3月末

2023年4月に新規上場した宇宙ベンチャーの第1号銘柄。月への物資輸送サービスなど、月面開発事業がビジネスの中核。2023年10月には月面輸送するための設計・製造・組立プロジェクトが経産省の中小企業イノベーション創出推進事業として採択された。

投資先行型で収益はまだ赤字だが、今年4月には米国子会社が、2基のリレー衛星を活用したデータサービスを開始するなど、事業展開は着実に進展中。海外募集のファイナンス実施の影響もあり、株価3ケタに調整。

業績データ

	単位：百万円				単位：円		配当性向
	売上高	営業利益	経常利益	純利益	1株益	1株配	
前々期実績（*2023.03）	989	-11,023	-11,378	-11,398	-211.5	0	0.0%
前期実績（2024.03）	2,357	-5,501	-6,097	-2,366	-29.1	0	0.0%

チャート出所：「株探」https://kabutan.jp

新NISAで買うべき株

23 三菱重工業

〈目標株価〉
1600円

〈現在株価〉
1320.5円

銘柄データ

売買単位	100株
最低投資金額	13万2050円
時価総額	4兆4549億円
配当利回り	1.67%
PER	19.30倍
BPS	667.9円
外国人持ち株比率	30.8%
信用倍率	10.57倍
自己資本比率	35.9%
本決算	3月末

総合重機最大手で日本の宇宙産業の要。ロケット製造の中心的な役割を担いロケットの製造から打ち上げまでを一貫して担う世界有数の企業でもある。ロケットエンジン、ロケット・衛星の姿勢制御装置や宇宙ステーション関連機器、ロケット発射設備も手掛ける。

防衛機器にも強く、業績も増収増益基調を維持して株価は実質過去最高値圏に位置している。今年3月末を基準日とする1対10の株式分割を実施し、株価水準は1000円台半ばと、個人投資家にも買いやすい水準に。

業績データ

	単位：百万円				単位：円		配当性向
	売上高	営業利益	経常利益	純利益	1株益	1株配	
前々期実績(2023.03)	4,202,797	―	191,126	130,451	38.8	13	33.5%
前期実績(2024.03)	4,657,147	―	315,187	222,023	66.1	20	30.3%

東証プライム 7011

チャート出所：「株探」https://kabutan.jp

新NISAで買うべき株 24

三菱電機

東証プライム 6503

〈目標株価〉 **3500円** ← 〈現在株価〉 **2831.5円**

総合電機大手で日本の宇宙開発事業では、三菱重工とともにリーダー的存在。人工衛星製造に強く、累積で約70機の製造を担当したほか、衛星プラットフォーム事業では現在10機超の衛星が軌道上で稼働するなど実績豊富。衛星観測ソリューションも手掛けている。

会社側の今2025年3月期連結営業利益予想は、防衛・宇宙システム事業の大口案件増加もあり、前期比21・8％増の4000億円と連続最高益更新で、市場予想も大きく上回るサプライズ決算。上場来高値更新中。

銘柄データ

売買単位	100株
最低投資金額	28万3150円
時価総額	6兆798億円
配当利回り	－%
PER	18.77倍
BPS	1790.6円
外国人持ち株比率	42.5%
信用倍率	2.90倍
自己資本比率	60.6%
本決算	3月末

業績データ

	単位：百万円				単位：円		配当性向
	売上高	営業利益	経常利益	純利益	1株益	1株配	
前々期実績(2023.03)	5,003,694	262,352	292,179	213,908	101.3	40	39.5%
前期実績(2024.03)	5,257,914	328,525	365,853	284,949	135.7	50	36.8%

チャート出所：「株探」https://kabutan.jp

新NISAで買うべき株

25 セーレン

東証プライム 3569

創業135年を迎える各種繊維品の染色加工を手掛ける老舗繊維会社だが、宇宙ビジネスを強化中。福井県や東京大学と連携し、キューブサットと呼ばれる超小型人工衛星の開発や小型合成開口レーダー衛星のアンテナ量産プロセスに着手。福井県坂井市の事業所内にロケットとの通信所を保有している。宇宙関連のダークホース銘柄。

〈現在株価〉2440円 → 〈目標株価〉3500円

銘柄データ

売買単位	100株
最低投資金額	24万4000円
時価総額	1577億円
配当利回り	2.46%
PER	11.06倍
BPS	2234.9円
外国人持ち株比率	13.9%
信用倍率	0.46倍
自己資本比率	66.0%
本決算	3月末

業績データ

	単位：百万円				単位：円		配当性向
	売上高	営業利益	経常利益	純利益	1株益	1株配	
前々期実績(2023.03)	132,364	12,831	15,345	11,023	205.4	46	22.4%
前期実績(2024.03)	141,915	14,068	16,214	12,156	226.5	53	23.4%

新NISAで買うべき株

26 Ridge-i（リッジアイ）

東証グロース 5572

2023年4月にIPOした、AI活用コンサルティングとAI開発、AIライセンス提供サービスを展開する企業で、人工衛星データAI解析サービスも手掛ける。2023年12月には宇宙ビジネス分野の拡大を支援する組織を立ち上げた「EY新日本有限責任監査法人」と監査・保証業務で、衛星データ利用の検討を発表した。

〈現在株価〉2196円 → 〈目標株価〉3200円

銘柄データ

売買単位	100株
最低投資金額	21万9600円
時価総額	83億円
配当利回り	−%
PER	117.37倍
BPS	532.9円
外国人持ち株比率	1.1%
信用倍率	−倍
自己資本比率	96.5%
本決算	7月末

業績データ

	単位：百万円				単位：円		配当性向
	売上高	営業利益	経常利益	純利益	1株益	1株配	
前々期実績(＊2022.07)	968	56	109	150	43.3	0	0.0%
前期実績(2023.07)	790	70	60	44	12.5	0	0.0%

新NISAで買うべき株

27 キヤノン電子

東証プライム 7739

キヤノンの子会社で、プリンター受託生産やカメラシャッターを手掛けるが、小型人工衛星の製造、人工衛星搭載用望遠鏡、衛星撮影データの販売も手掛ける。ロケット打ち上げサービス企業の「スペースワン」にも出資し、将来的にはロケット開発とロケット打ち上げサービスを目指している。PBR（株価純資産倍率）1倍割れ銘柄。

〈現在株価〉2250円 → 〈目標株価〉2900円

銘柄データ

売買単位	100株
最低投資金額	22万5000円
時価総額	950億円
配当利回り	−%
PER	14.93倍
BPS	2821.9円
外国人持ち株比率	10.5%
信用倍率	43.36倍
自己資本比率	86.7%
本決算	12月末

業績データ

	単位：百万円				単位：円		配当性向
	売上高	営業利益	経常利益	純利益	1株益	1株配	
前々期実績（2022.12）	96,506	8,046	8,922	6,920	169.3	60	35.4%
前期実績（2023.12）	96,321	9,142	8,963	6,566	160.6	60	37.4%

新NISAで買うべき株

28 タカラトミー

東証プライム 7867

創業100周年を迎えた玩具メーカー大手だが、今年1月に日本発の月面着陸に成功した小型探査機「SLIM」に搭載された超小型の変形型月面ロボット「ソラキュー」をJAXAやソニーグループなどと共同開発。玩具の変形技術が活きる。月面で走行する日本最初のロボットとして写真撮影の快挙を成し遂げた。宇宙関連の異彩銘柄。

〈現在株価〉2725.5円 → 〈目標株価〉3200円

銘柄データ

売買単位	100株
最低投資金額	27万2550円
時価総額	2552億円
配当利回り	1.76%
PER	19.74倍
BPS	1104.1円
外国人持ち株比率	16.4%
信用倍率	4.12倍
自己資本比率	60.1%
本決算	3月末

業績データ

	単位：百万円				単位：円		配当性向
	売上高	営業利益	経常利益	純利益	1株益	1株配	
前々期実績（2023.03）	187,297	13,119	12,043	8,314	90.7	32.5	35.8%
前期実績（2024.03）	208,326	18,818	17,807	9,808	107.7	50	46.4%

新NISAで買うべき株

29 スカパーJSATホールディングス

東証プライム 9412

アジア最大の衛星通信事業者で、通信衛星を利用したCS放送「スカパー！」事業との両輪を持ち「宇宙実業社」を標榜。今年3月には宇宙スタートアップ企業との協業加速のため100億円の投資枠を設定、4月には宇宙ベンチャー投資の英国投資ファンドに出資を発表するなど、宇宙事業の成長と領域拡大を推進中。株価低位の魅力も。

〈現在株価〉862円 → 〈目標株価〉1500円

銘柄データ

売買単位	100株
最低投資金額	8万6200円
時価総額	2565億円
配当利回り	2.55%
PER	13.56倍
BPS	954.0円
外国人持ち株比率	19.3%
信用倍率	102.90倍
自己資本比率	66.7%
本決算	3月末

業績データ

	単位：百万円				単位：円		配当性向
	売上高	営業利益	経常利益	純利益	1株益	1株配	
前々期実績(2023.03)	121,139	22,324	23,194	15,810	54.4	20	36.8%
前期実績(2024.03)	121,872	26,545	27,128	17,739	61.7	21	34.0%

新NISAで買うべき株

30 アイネット

東証プライム 9600

クラウドデータセンターを軸に情報処理・システム開発サービスを主力としている企業だが、宇宙開発事業にも意欲を持つ。国際宇宙ステーションでは建設から運用までに参画した実績がある。アストロスケールと資本業務提携をしており、衛星開発や製造、打ち上げ後の運用などで支援サービスを提供している好業績株として注目。

〈現在株価〉2284円 → 〈目標株価〉3000円

銘柄データ

売買単位	100株
最低投資金額	22万8400円
時価総額	371億円
配当利回り	2.45%
PER	13.91倍
BPS	1257.3円
外国人持ち株比率	2.4%
信用倍率	24.50倍
自己資本比率	53.4%
本決算	3月末

業績データ

	単位：百万円				単位：円		配当性向
	売上高	営業利益	経常利益	純利益	1株益	1株配	
前々期実績(2023.03)	34,988	2,129	2,175	1,343	84.1	48	57.1%
前期実績(2024.03)	37,763	2,887	2,935	2,197	137.5	53	38.5%

〈テーマ〉4
生成AI・DC

日本経済の問題を解決に導く！

ネクスト半導体のテーマは生成ＡＩ・ＤＣが有力

藤井英敏

カブ知恵代表取締役。早稲田大学政治経済学部卒業後、日興証券（現SMBC日興證券）に入社。金融情報会社フィスコでは執行役員を務める。2005年に独立し、カブ知恵を設立。ぶっちゃけトークと独自の投資理論を同社サイト上にて更新中。

米ＩＴ企業がしのぎを削る生成ＡＩ市場

株式市場では、２０２４年の年初から半導体関連株が人気化し、日経平均株価の上昇を牽引《けんいん》した。ただ、4月に入ると半導体株は調整局面に突入。特に、汎用型の半導体を手掛ける企業は売られる銘柄が目立った。半導体が有力な相場テーマであることは間違いないが、市場では半導体に続くテーマが求められていることは確かだ。

そのテーマとして有力なのが、生成ＡＩ（人工知能）とデータセンター（ＤＣ）である。２つのテーマではあるが、生成ＡＩの普及にはデータセンターが不可欠のため、ここでは合わせて1つのテーマとして取り上げたい。

生成ＡＩとは、「ジェネレーティブＡＩ」とも呼ばれる人工知能の一種。ＡＩが自ら答えを探し、学習して答えを導き出す「ディープラーニング（深層学習）」を用いて構築された、機械学習モデルである。ディープラーニングとは、ニューラルネットワーク（人間の脳の仕組みと似た構造で相互接続された数学モデル）を使う機械学習の一分野のことで、直訳の「深層学習」という語より、「機械学習」と呼ぶほうがわかりやすいだろう。人間は、さまざまな例から学習していくわけだが、それをコンピューターにさせるための手法だと考えていい。

生成ＡＩが従来のＡＩと決定的に異なるのは、ディープラーニングによってＡＩがまるで人間のような、クリエイティブなモノ（成果物）を生み出せる点だ。米マイクロソフトやメタ（旧フェイスブック）、アルファベット（グーグル）、アマゾンなどメガＩＴ企業はもちろん、有力ＩＴベンチャー企業などが生成ＡＩの開発にしのぎを削っている。

この4社は生成ＡＩの自社開発モデルを構築しているだけでなく、生成ＡＩを組み入れたアプリやサービスを展開中。２０２３年は、毎月のように新たな生成ＡＩやアプリが発表されるなど、生成ＡＩ市場では先行メリットや生き残りをかけた大激戦が巻き起こっているのだ。

生成ＡＩの活用で日本経済の問題は解消か

日本では、米ＯｐｎｅＡＩ社が開発したテキスト生成ＡＩの「ＣｈａｔＧＰＴ」が有名だ。ただ、テキスト生成は生成ＡＩの能力のほんの一部に過ぎない。英国のスタートアップ企業が開発した画像生成ができる「Ｓｔａｂｉｌｉｔｙ　ＡＩ」のほか、イラストや動画、音声や音楽、プログラミング、タスクやスケジュール管理など多岐にわたる。

映画『ターミネーター』では、AIが暴走して人類に反旗を翻すストーリーが描かれている。反乱とはいかないまでも、AI技術の進展によって、人間の仕事がAIに奪われることに対する危惧は、AI開発当初から語られてきた。将来的には、生成AIが可能な作業は完全に生成AI任せとなり、人間はAIではカバーしきれないような専門性が高い分野に配置換えされることになるのは間違いないだろう。

「将来的には」などと述べると、まだ遠い未来のような印象を受けるかもしれないが、すでに銀行やコンビニ、食品など、多くの業種、多くの企業が生成AIを活用している。

日本経済について、かねてから生産性の低さや人口減少が問題視されてきた。しかし、生成AIを上手に活用することで、こうした問題は一気に解決の方向に進むだろう。

日本企業はITだけでなく、生成AI分野でも米国や中国に後れをとっているが、オープンソースモデルの生成AIも誕生している。日本でも生成AIを活用し、飛躍的に業容を拡大する企業が相次ぐだろう。

市場や需要が急拡大中！銘柄のすそ野も広がる

生成AIの普及によって出番が急拡大するのがデータセンターである。たとえばテキスト生成型のAIでは、人間との対話を可能にするために膨大なデータを学習し、データの規則性を見つけ、自ら予測、判断ができるようになる必要がある。そうなると、これを実現するために膨大な量のデータを高速で処理する作業が求められるが、その作業を効率よく行うための施設が必要だ。

そうした大規模な計算を行ったり、データを保管したりするための演算装置や、ストレージ、サーバーなどのネットワーク機器、さらには冷却設備が備わった施設がデータセンターなのである。

すでに、米国の大手IT4社は、日本へのデータセンター投資を発表している。その額は、グーグル、マイクロソフト、アマゾン（AWS、アマゾンウェブサービス）、オラクルの4社だけで実に約4兆円。また、ITや通信分野の調査を行うIDCジャパンが2022年8月に発表した予測によると、国内データセンターの市場規模は2020年の約1・5兆円から、2026年には3・2兆円に拡大するという。

データセンター市場は以前から成長を続けていたが、生成AIというブースターを得たことで、今後はさらに拡大を続けるだろう。すでに、株式市場でも、ここで取り上げたさくらインターネットのように株価が暴騰する銘柄が出始めた。ただ、生成AIという後ろ盾を得てからの株価材料としては、人気化してからまだ日が浅く、相場は始まったばかりと言えるだろう。今後も、折に触れて人気化することになりそうだ。

また、データセンターに関連する素材や部品を手掛ける銘柄が買われる展開も予想される。そして、データセンターは大量のサーバー機器などを設置するため、施設を冷やす設備が必須となる。そう考えると、空調や冷房設備を手掛ける企業にも恩恵が及ぶはずだ。

データセンター事業は、富士通やNECのような大手企業も手掛けている。もっとも、大手企業ではデータセンター事業の売上高や収益に占める割合が小さいため、株価の水準を大きく引き上げるほどのインパクトはないだろう。これは、生成AI関連銘柄についても同様である。

前述したように、両テーマとも誕生してから日が浅く、重厚長大産業と比べると、関連する銘柄の数も少ない。それだけに、いったん相場が波に乗れば買いが集中し、短期的な株価の大化けが期待できるだろう。

その一方で、当然、株価が一度下げ始めると、人気が離散するのも早い。そういう意味で、ハイリスク・ハイリターンのテーマと言えそうだ。新興市場の急落を背景とした大きな押し目を狙うなど、売買タイミングには注意を払う必要がある。

新NISAで買うべき株

31

ジーデップ・アドバンス

東証スタンダード 5885

週足チャート

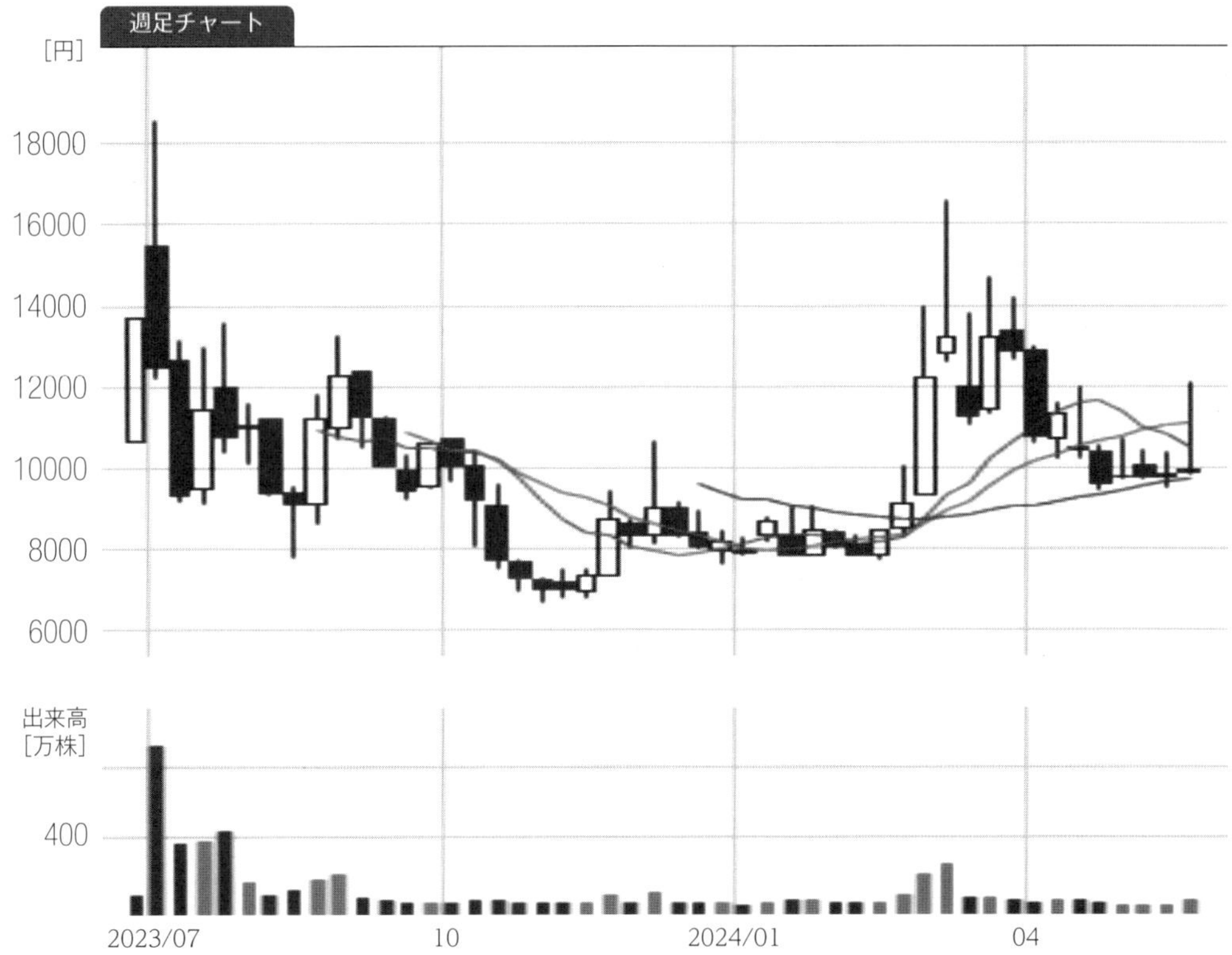

〈目標株価〉 1万3500円

〈現在株価〉 9920円

銘柄データ

売買単位	100株
最低投資金額	99万2000円
時価総額	132億円
配当利回り	0.63%
PER	32.63倍
BPS	1704.9円
外国人持ち株比率	−%
信用倍率	87.28倍
自己資本比率	55.8%
本決算	5月末

AI分野のハードとソフトを開発。米エヌビディアやインテルなどからパートナー認定を受けるなど、技術力には定評がある。世界的な半導体メーカーとの連携が、顧客のニーズに合わせたAI関連製品を可能にしていることがポイントだ。これが同社の高い競争力を生み出している。今後もエヌビディアと連携し、データセンター、クラウド、メタバース（巨大仮想空間）向けなどの分野で成長を続けるだろう。株価は1万2000円前後の値動きが重たそうだが中長期で狙える水準。

業績データ

	単位：百万円				単位：円		配当性向
	売上高	営業利益	経常利益	純利益	1株益	1株配	
前々期実績（*2022.05）	3,491	405	447	283	236.0	47.2	20.0%
前期実績（*2023.05）	3,778	556	568	378	315.3	62	19.7%

チャート出所：「株探」https://kabutan.jp

32 PKSHA Technology（パークシャテクノロジー）

東証スタンダード 3993

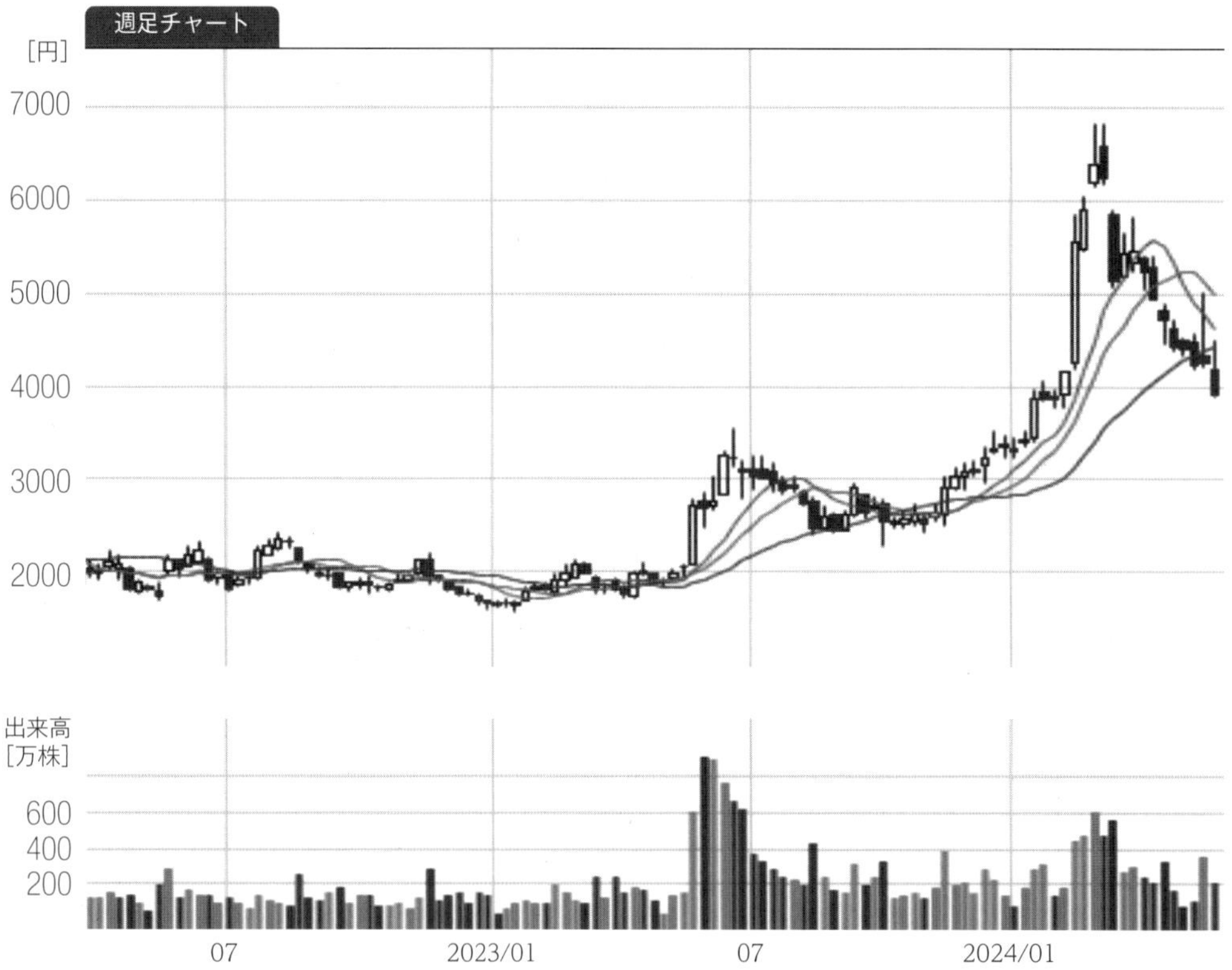

〈目標株価〉 **6850円** ← 〈現在株価〉 **3930円**

銘柄データ

売買単位	100株
最低投資金額	39万3000円
時価総額	1256億円
配当利回り	−%
PER	60.85倍
BPS	997.6円
外国人持ち株比率	11.9%
信用倍率	18.22倍
自己資本比率	77.8%
本決算	9月末

自然言語処理やディープラーニングを用いたアルゴリズムやAIを開発し、企業にソリューションを提供している。AI関連サービスに加え、今後はAIソリューション事業も成長ドライバーとして収益の拡大を牽引する見込みだ。

同社にとって生成AI市場の拡大は明らかな追い風である。AI関連サービスを軸としてストック収益を積み上げる一方で、生成AI関連への先行投資を行っており、これが中長期的な成長につながるだろう。

業績データ

	単位：百万円				単位：円		配当性向
	売上高	営業利益	経常利益	純利益	1株益	1株配	
前々期実績（2022.09）	11,509	1,565	1,551	836	27.4	0	0.0%
前期実績（2023.09）	13,908	1,719	1,824	760	24.8	0	0.0%

チャート出所：「株探」https://kabutan.jp

新NISAで買うべき株 33

NTTデータグループ

東証プライム 9613

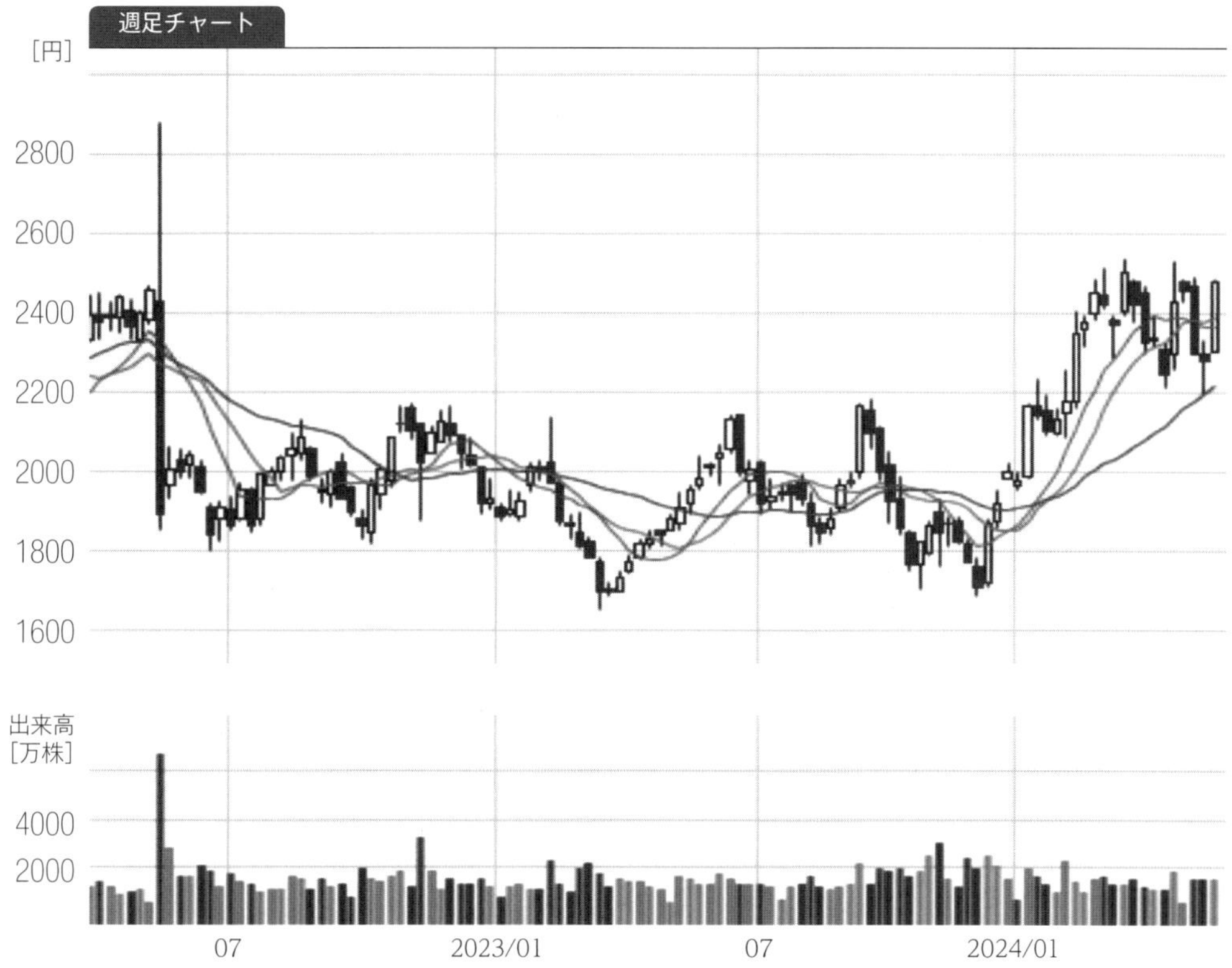

〈目標株価〉 **3000円** ← 〈現在株価〉 **2482.5円**

銘柄データ

売買単位	100株
最低投資金額	24万8250円
時価総額	3兆4817億円
配当利回り	1.01%
PER	25.40倍
BPS	1226.2円
外国人持ち株比率	12.9%
信用倍率	8.55倍
自己資本比率	23.8%
本決算	3月末

ＮＴＴ傘下で日本最大のＩＴサービス企業。同社のデータセンターサービスは、安定稼働への整備はもちろん、高効率・省電力化を実現。さらに、初期投資と運用コストともに低減したＤＣを提供している。東電と手を組み、２０２６年にはＤＣの開設とサービス開始を予定している。

環境に優しく先進的なＤＣを武器に、国内だけでなく、海外にも積極展開中だ。ＤＣ事業だけで爆発的な株価上昇は期待薄だが、着実な利益成長につながるはずだ。

業績データ

	単位：百万円				単位：円		配当性向
	売上高	営業利益	経常利益	純利益	1株益	1株配	
前々期実績(2023.03)	3,490,182	259,110	242,800	149,962	107.0	22	20.6%
前期実績(2024.03)	4,367,387	309,551	248,602	133,869	95.5	23	24.1%

チャート出所：「株探」https://kabutan.jp

新NISAで買うべき株

34 さくらインターネット

東証プライム 3778

週足チャート

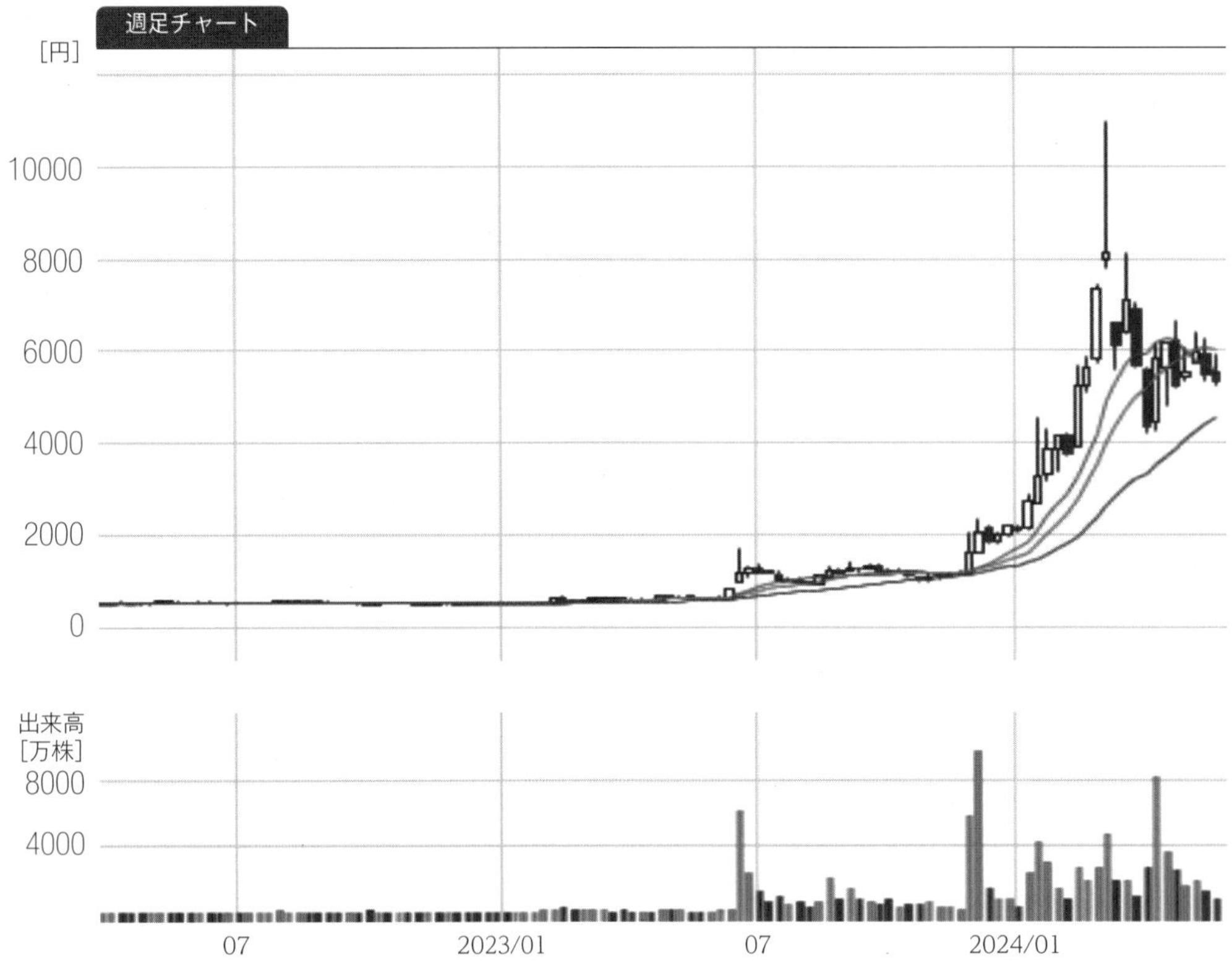

〈目標株価〉 **8500円** ← 〈現在株価〉 **5320円**

銘柄データ

売買単位	100株
最低投資金額	53万2000円
時価総額	2001億円
配当利回り	0.08%
PER	151.96倍
BPS	255.8円
外国人持ち株比率	1.5%
信用倍率	1.07倍
自己資本比率	30.2%
本決算	3月末

クラウドサービスとデータセンターの運営を展開。同社の「さくらクラウド」がデジタル庁に認定されたことをきっかけに、株価が暴騰した。総合商社の双日とデジタル・AI領域で業務提携を結んだことに加え、2024年1月に、石狩のデータセンターで生成AI向けの構成のGPU（画像処理半導体）を搭載したクラウドサービスの提供を開始するなど、データセンターやAIといった先端事業が株価を刺激している。指標的な割高感は否めないが、急落局面は仕込み場か。

業績データ

	単位：百万円				単位：円		配当性向
	売上高	営業利益	経常利益	純利益	1株益	1株配	
前々期実績(2023.03)	20,622	1,093	965	666	18.3	3.5	19.1%
前期実績(2024.03)	21,826	884	764	651	18.3	3.5	19.1%

チャート出所：「株探」https://kabutan.jp

新NISAで買うべき株

35 VRAIN Solution（ヴレイン ソリューション）

東証グロース 135A

AIシステムとDXコンサルティングによって、企業の生産性向上を支援するサービスを提供。製造業向けに開発したAIを活用した画像検査システムは独自性があり、国内に類似商品が少ないのがポイント。今後、DXや収益の最大化を目的としたニーズを取り込み、製造業向けの拡大が見込める。現株価には割高感はあるが成長性は十分。

〈現在株価〉3820円 → 〈目標株価〉5000円

銘柄データ

売買単位	100株
最低投資金額	38万2000円
時価総額	386億円
配当利回り	−%
PER	72.32倍
BPS	98.6円
外国人持ち株比率	1.8%
信用倍率	127.18倍
自己資本比率	68.8%
本決算	2月末

業績データ

	単位：百万円				単位：円		配当性向
	売上高	営業利益	経常利益	純利益	1株益	1株配	
前々期実績（*2023.02）	617	64	63	49	5.0	0	0.0%
前期実績（2024.02）	1,411	508	495	330	33.3	0	0.0%

新NISAで買うべき株

36 Laboro.AI（ラボロ エーアイ）

東証グロース 5586

オーダーメイドのAIソリューション「カスタムAI」の開発を手掛ける。過去の事例から、似た課題を抱える顧客に展開することで売り上げを伸ばす戦略。また、AIの新たな応用価値を見出し、広く流通させる事業に注力しており、社会へのAIの浸透に合わせた成長が期待できそうだ。将来の成長を見越した青田買いのつもりで臨みたい。

〈現在株価〉1404円 → 〈目標株価〉1750円

銘柄データ

売買単位	100株
最低投資金額	14万400円
時価総額	223億円
配当利回り	−%
PER	155.48倍
BPS	144.8円
外国人持ち株比率	5.2%
信用倍率	−倍
自己資本比率	90.3%
本決算	9月末

業績データ

	単位：百万円				単位：円		配当性向
	売上高	営業利益	経常利益	純利益	1株益	1株配	
前々期実績（*2022.09）	733	-55	-55	-39	-3.3	0	0.0%
前期実績（2023.09）	1,369	206	193	139	9.7	0	0.0%

新NISAで買うべき株

37 ブロードバンドタワー

東証スタンダード 3776

東京・大手町で最新鋭のDC「新大手町サイト」を運営。DCの構築と運用のノウハウを蓄積しており、関連業務をワンストップで提供している。新大手町サイトの稼働率の向上によって業績が拡大中。また、北海道石狩市で、100%の電力を再生可能エネルギーで賄うDCの事業化を計画している。今後の同事業の展開には要注目。

〈現在株価〉259円 → 〈目標株価〉350円

銘柄データ

売買単位	100株
最低投資金額	2万5900円
時価総額	160億円
配当利回り	0.77%
PER	143.89倍
BPS	136.7円
外国人持ち株比率	1.7%
信用倍率	一倍
自己資本比率	42.6%
本決算	12月末

業績データ

	単位：百万円				単位：円		配当性向
	売上高	営業利益	経常利益	純利益	1株益	1株配	
前々期実績(2022.12)	14,126	-361	530	-391	-6.4	2	-31.3%
前期実績(2023.12)	13,243	-84	-152	99	1.6	2	125.0%

新NISAで買うべき株

38 精工技研

東証スタンダード 6834

コアテクノロジーの精密加工技術を軸に、「小型」「精密」「光学」関連の製品を開発。製品のラインナップにレンズ関連や光電界センサ関連が加わったこともあり、活躍の場が拡大している。DC向けに光コネクタ機器や測定装置の需要が拡大しつつあり、DCほかネットワークの配線環境向けに、同社コネクタの出番増加が期待できる。

〈現在株価〉2293円 → 〈目標株価〉3500円

銘柄データ

売買単位	100株
最低投資金額	22万9300円
時価総額	214億円
配当利回り	2.62%
PER	20.92倍
BPS	2976.9円
外国人持ち株比率	2.2%
信用倍率	20.90倍
自己資本比率	84.3%
本決算	3月末

業績データ

	単位：百万円				単位：円		配当性向
	売上高	営業利益	経常利益	純利益	1株益	1株配	
前々期実績(2023.03)	16,282	1,390	1,606	1,082	118.6	50	42.2%
前期実績(2024.03)	15,785	1,052	1,269	761	83.4	55	65.9%

新NISAで買うべき株 39

新日本空調

東証プライム 1952

空調や冷暖房、給排水などの設計や工事請負を手掛ける。DCには高精度の空調・冷房設備が不可欠であり、DC市場の拡大は収益拡大のチャンスだ。DCの高発熱サーバーの排気対策製品「フローシールド」を開発し、特許を出願中。また、原子力発電所関連施設の施工・保守のリーディングカンパニーであり、原発再稼働の動きも追い風。

〈現在株価〉4180円 → 〈目標株価〉5250円

銘柄データ

売買単位	100株
最低投資金額	41万8000円
時価総額	1015億円
配当利回り	2.87%
PER	11.94倍
BPS	2868.2円
外国人持ち株比率	4.4%
信用倍率	2.54倍
自己資本比率	55.8%
本決算	3月末

業績データ

	単位：百万円				単位：円		配当性向
	売上高	営業利益	経常利益	純利益	1株益	1株配	
前々期実績(2023.03)	112,234	7,124	7,914	5,597	239.7	80	33.4%
前期実績(2024.03)	127,978	9,235	9,725	7,168	310.4	100	32.2%

新NISAで買うべき株 40

さくらケーシーエス

東証スタンダード 4761

SMBCグループの情報サービス会社。システム開発やセキュリティ対策、運用やソリューションを提供している。同社のデータセンターは耐震や耐火、セキュリティ対策などが万全で、高い安全性と信頼性を誇るのが強みだ。足元の株価は材料先行で上昇しているものの、さほど割高感はなく、DC関連株としては手掛けやすい水準。

〈現在株価〉2075円 → 〈目標株価〉3600円

銘柄データ

売買単位	100株
最低投資金額	20万7500円
時価総額	232億円
配当利回り	1.16%
PER	27.02倍
BPS	1712.7円
外国人持ち株比率	0.4%
信用倍率	1188.00倍
自己資本比率	79.1%
本決算	3月末

業績データ

	単位：百万円				単位：円		配当性向
	売上高	営業利益	経常利益	純利益	1株益	1株配	
前々期実績(2023.03)	23,588	993	1,038	748	66.9	18	26.9%
前期実績(2024.03)	22,769	1,127	1,206	895	79.9	24	30.0%

〈テーマ〉
電力（エネルギー）・電力設備

国策と時代の流れを背景に電力需要が急増！

半導体・DCの新設と再エネで特需が発生

天海源一郎

株式ジャーナリスト、個人投資家。関西大学卒業後、ラジオNIKKEI入社。東証兜倶楽部記者やマーケット情報部ディレクターなどを歴任。2004年に独立し、執筆や講演活動などに取り組む。
https://www.tenkai.biz

日本経済、日本株は新しい時代を迎えた

2024年2月、日経平均株価は35年前の平成バブル時につけた高値3万8915円を突破。また、それ以降も上昇を続け、3月には4万円を達成。一時は4万1087円まで上昇した。しかし、その後は調整局面入りしたため、高値近辺で新NISAを始めた場合、買った銘柄によっては「NISAなんて始めなければよかった」「こんなに損が拡大している」といった嘆きの声が聞こえているのも事実だ。

株価は常に右肩上がりで上昇し続けるものではない。売買のタイミングによってはうまくいかないこともあるものだ。もし、この3月につけた高値が、「日経平均の大天井」だったとすれば、その前後で株を買った投資家はさらに失望感を感じてしまうことになる。

しかし、私は2024年初の日経平均株価の上昇は、あくまで本格上昇の第一波に過ぎないと見ている。というのも、日本経済は長期のデフレを抜け出し、ようやく新しい時代を迎えようとしているからだ。

日本経済はデフレからインフレに転換し、日銀は20年以上続いたゼロ金利政策をやめ、利上げ政策に移行しようとしている。日本列島には半導体やデータセンター拡大のためのお金が集まっている。

また、円安効果もあって、訪日外国人による需要、いわゆる「インバウンド需要」はコロナ以前の水準を上回ることがほぼ確定している。ほかにも、さまざまなテーマでお金が動き、日本経済が新時代の到来に向けて活気づいているわけである。

その新時代の幕開けとして、まず2023年なかばから半導体株が買われ始めた。また、足元ではデータセンター需要に注目が集まり、関連株人気が沸騰。さらに、インバウンド需要の恩恵を受け、ホテルや小売りなどの企業では業績の上方修正が相次いでいる。今後も、これらと同様、さまざまなテーマで人気化する銘柄群が出てくるだろう。

そのうちの1つが、ここで取り上げる「電力（エネルギー）・電力設備」である。前述の半導体やデータセンター、インバウンドなど、すでに人気化しているテーマに比べると、電力、電力設備関連はまだ手あかがついていない(=十分買われていない)銘柄が多いのがポイントだ。

新時代を迎える中で長期で持ち続けられるテーマ

なぜ電力、電力設備が注目テーマ

として挙げられるのか。その理由は、主に以下の3点である。

①半導体工場の新設
②データセンター（DC）の新設
③再生可能エネルギー送配電に向けた電力会社の投資の増加

①については、すでに多くのメディアで述べられているので、関連するニュースを目にしたことがあるのではないだろうか。九州の熊本県菊陽町に台湾の半導体受託製造最大手TSMCが半導体工場を建設し、第二工場、さらには第三工場の建設まで、驚くほどのペースで計画が進行中である。

これによって菊陽町周辺の地価が急騰するなど、〝TSMCバブル〟が勃発。また、日本国内の半導体関連企業のおよそ3分の1が九州に集まり、生産設備の新設や増強などを行っている。こうした動きは北海道や広島など日本全国に広がっており、今後も同様の流れが続くだろう。半導体の増産には、政府の巨額の補助金を用意している。つまり、完全無欠の「国策」なのだ。

言うまでもないが、巨大な半導体関連の製造設備には、膨大な電力が必要になる。九州電力をはじめ、各電力会社は、急ピッチでこれらの需要に対応する必要があるだろう。

データセンターについても同様だ。2024年2月、北海道とソフトバンクは、包括連携協定を締結。苫小牧市に日本最大級のデータセンターを建設する計画を進めている。

今、大ブームとなっている生成AIには、膨大なデータを処理するためのデータセンターが不可欠だ。すでに、グーグルやマイクロソフトなどの米国のメガIT企業が日本のデータセンター整備に向けた巨額投資を打ち出している。

従来、データセンターは保守・運営の関係でアクセスのいい首都圏を中心に建設されてきたが、今後は地方にも分散していく流れが鮮明になってきた。つまり、データセンターの建設ラッシュが巻き起ころうとしているのだ。これも、電力や電力設備を手掛ける企業にとっては相当な追い風になるだろう。

もう1つ、③の「再生可能エネルギー送配電に向けた電力会社の投資の増加」も、関連企業にとっては明らかなプラスとなる。太陽光や風力発電などの再生可能エネルギーの発電所は、従来の火力発電所とは異なる立地に建設されることが多く、新たな電力設備・電力網を必要とする。

前述したデータセンターでは、常に大量のサーバー機器が稼働していて、大規模な冷房設備が欠かせない。そのため、大量の電力が必要となるわけだが、カーボンニュートラルへの意識の高まりもあり、データセンター付近に再生可能エネルギーの電力工場を新設するケースも見られる。

この①〜③を背景に、現在は日本全国で送配電網の増強など、電力インフラの強靭化・高度化が求められている。老朽化した電力設備の更新や災害対策なども加わり、電力、電力設備関連企業には中長期的に需要がひっ迫した状況が続くだろう。

日立製作所や三菱電機、東京電力ホールディングスなど、ここで取り上げた銘柄は、東証プライム市場に上場している大型株だ。そのため、すでに人気化した半導体やデータセンター、生成AIといった〝流行り〟テーマの関連株と比べると、投機的な動きになる可能性は低く、安定感もある。

これらの銘柄は電力関連以外にも多くの事業を手掛けており、収益に占める電力関連の比率がさほど大きくないものもある。そのため、電力や電力設備のテーマだけで、業績や株価が動くとは思われていない。つまり、ポジティブサプライズが期待できることになる。

上記の理由から、電力や電力設備関連事業には特需が発生しつつあることは事実だ。しかも、この特需は1年や2年で消化されるものではなく、長期的に関連銘柄の業績を押し上げることになりそうだ。

冒頭で説明したように、日本の経済と株式市場は、デフレを抜け出し、新たな時代に突入した。この電力・電力設備関連は、新しい日本株上昇の時代に、長期で持ち続けられるテーマなのである。

新NISAで買うべき株

41

富士電機

東証プライム
6504

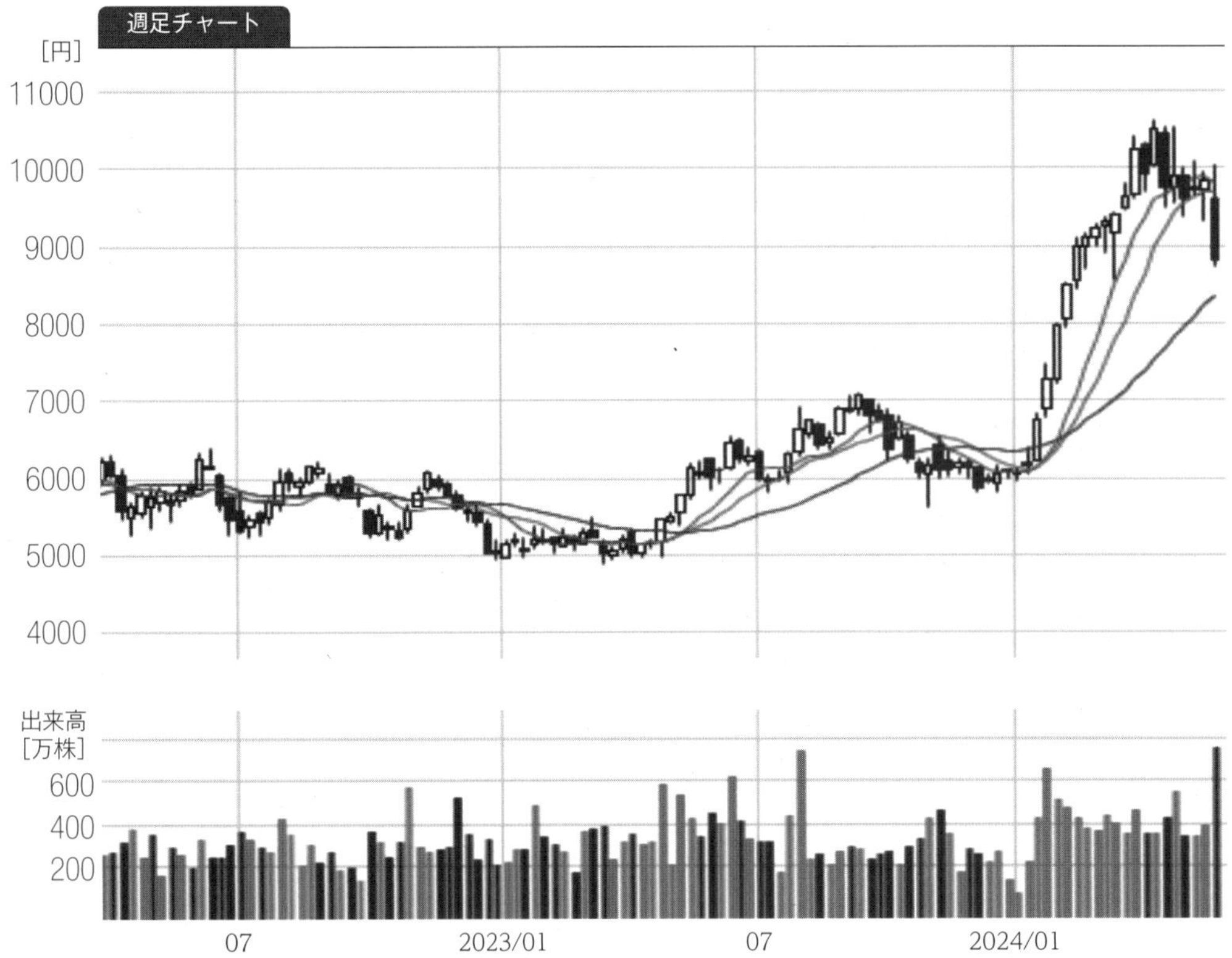

〈目標株価〉 **1万2000円** ← 〈現在株価〉 **8814円**

銘柄データ

売買単位	100株
最低投資金額	88万1400円
時価総額	1兆3159億円
配当利回り	−%
PER	16.46倍
BPS	4218.4円
外国人持ち株比率	34.2%
信用倍率	2.66倍
自己資本比率	47.4%
本決算	3月末

パワーエレクトロニクスとパワー半導体の製造技術に強みを持ち、社会や産業のインフラ向け事業を展開。エネルギー事業では、火力のほか再生可能エネルギープラントのプラント自体はもちろん、配電、変電システム向けの設備や機器を製造している。今後は、半導体工場やデータセンターの新設に伴う受配電設備や、GX（グリーントランスフォーメーション）向けの需要が確実に増えるだろう。これらを背景として業績も増収増益傾向が続き、株価も中長期的な上昇が期待できる。

業績データ

	単位：百万円				単位：円		配当性向
	売上高	営業利益	経常利益	純利益	1株益	1株配	
前々期実績(2023.03)	1,009,447	88,882	87,811	61,348	429.5	115	26.8%
前期実績(2024.03)	1,103,214	106,066	107,822	75,353	527.6	135	25.6%

チャート出所：「株探」https://kabutan.jp

新NISAで買うべき株 42

古河電気工業

東証プライム 5801

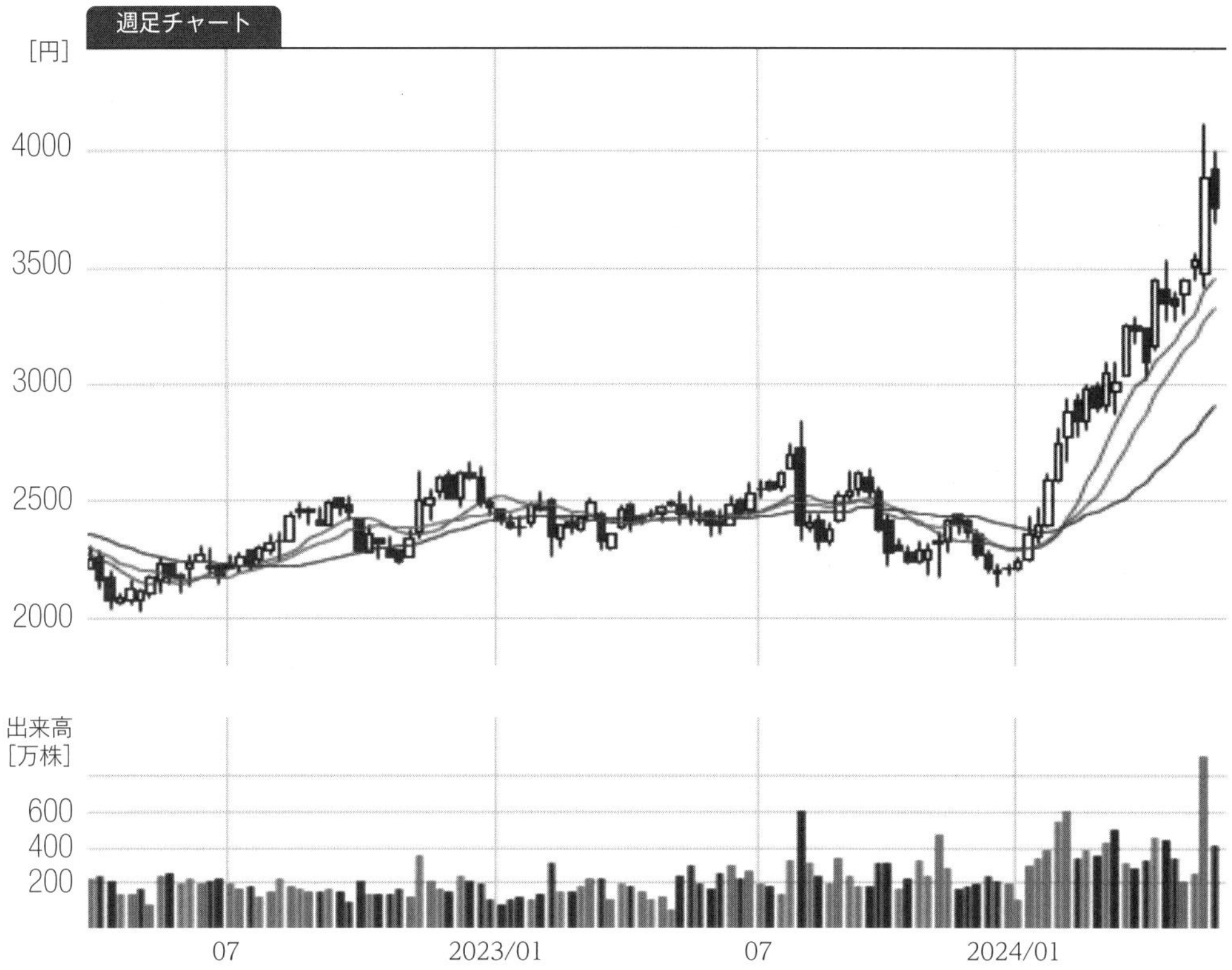

〈目標株価〉 **4500**円 ← 〈現在株価〉 **3761**円

銘柄データ

売買単位	100株
最低投資金額	37万6100円
時価総額	2658億円
配当利回り	1.60%
PER	20.38倍
BPS	4656.9円
外国人持ち株比率	23.1%
信用倍率	7.75倍
自己資本比率	33.3%
本決算	3月末

電線大手。エネルギーインフラや情報通信、自動車部品、電装エレクトロニクス素材など、さまざまな事業を展開している。子会社の全拠点で再生可能エネルギーを活用する計画を打ち出すなど、グリーンエネルギー事業参入に積極的だ。通信ケーブルなど情報通信向けが低調で、前期は期初の業績予想を大幅に下回るなど苦戦したが、自動車向け電装品のほか、データセンター関連製品の需要は好調。株価は今期の業績V字回復を見越して急騰しているが、中長期的に見れば割高感はない。

業績データ

	単位：百万円				単位：円		配当性向
	売上高	営業利益	経常利益	純利益	1株益	1株配	
前々期実績(2023.03)	1,066,326	15,441	17,258	15,894	225.8	80	35.4%
前期実績(2024.03)	1,056,528	11,171	10,267	6,508	92.4	60	64.9%

チャート出所：「株探」https://kabutan.jp

新NISAで買うべき株

43

日立製作所

東証プライム 6501

〈目標株価〉 1万8000円

〈現在株価〉 1万5580円

銘柄データ

売買単位	100株
最低投資金額	155万8000円
時価総額	14兆4453億円
配当利回り	―%
PER	24.06倍
BPS	6155.4円
外国人持ち株比率	46.2%
信用倍率	4.96倍
自己資本比率	46.7%
本決算	3月末

総合電機、重電の大手企業。家電製造の一部から撤退するなど、ITを活用した社会インフラシステム事業に傾注する方針だ。送配電や変電所など電力・エネルギー流通のほぼすべてに関わっており、半導体やデータセンター、再生可能エネルギー発電所の市場拡大で大きな恩恵を受けるだろう。かつての家電やパソコンなどから、社会インフラという目に見えづらい部分で成長を続けそうだ。株価は半導体関連などと比べると地味かもしれないが、着実に上場来高値を更新している。

業績データ

	単位：百万円				単位：円		配当性向
	売上高	営業利益	経常利益	純利益	1株益	1株配	
前々期実績(2023.03)	10,881,150	748,144	819,971	649,124	684.6	145	21.2%
前期実績(2024.03)	9,728,716	755,816	825,801	589,896	634.6	180	28.4%

チャート出所：「株探」https://kabutan.jp

新NISAで買うべき株

44

明電舎

東証プライム 6508

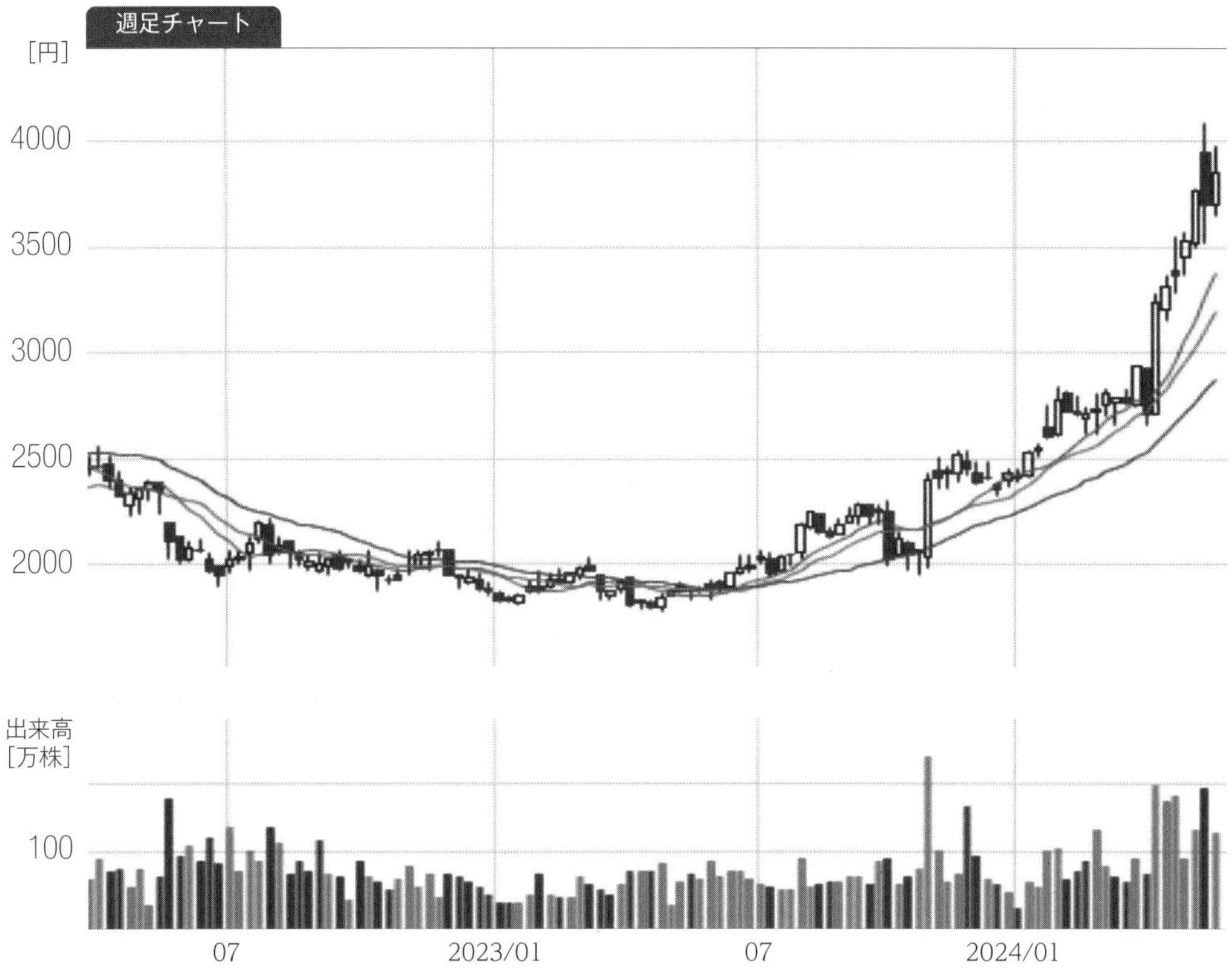

〈目標株価〉 **5500円** ← 〈現在株価〉 **3845円**

銘柄データ

売買単位	100株
最低投資金額	38万4500円
時価総額	1751億円
配当利回り	−%
PER	16.61倍
BPS	2786.4円
外国人持ち株比率	22.8%
信用倍率	2.42倍
自己資本比率	37.8%
本決算	3月末

電力や社会システムを中心とした重電老舗。再生可能エネルギーを含めた発電機器そのものをはじめ、変電・配電システムや蓄電システム、電力の制御機器・設備など、電力・エネルギー関連事業を幅広く展開している。国内外とも電力インフラ事業が好調で、前期は売上高、利益とも過去最高を更新した。受注残も豊富なうえ、半導体やデータセンター、グリーンエネルギー向けの需要増加によって、今期以降も好調を維持しそうだ。株価は2024年初から右肩上がりで上昇中。

業績データ

	単位：百万円				単位：円		配当性向
	売上高	営業利益	経常利益	純利益	1株益	1株配	
前々期実績(2023.03)	272,578	8,539	8,823	7,128	157.1	50	31.8%
前期実績(2024.03)	287,880	12,731	13,385	11,205	247.0	75	30.4%

チャート出所：「株探」https://kabutan.jp

新NISAで買うべき株

45 住友電気工業

東証プライム 5802

〝電線御三家〟の一角で、自動車用ハーネスや光ファイバーにも強い。送電線網の整備は再生エネの普及が進む欧州など、海外でも至る所で進んでいる。同社は2026年に英スコットランドで送電線工場を稼働させる計画など、今後も海外事業に注力する方針だ。前期は2018年3月期の最高益を大幅に更新。株価も上場来高値を更新中。

〈現在株価〉2372.5円 → 〈目標株価〉2800円

銘柄データ

売買単位	100株
最低投資金額	23万7250円
時価総額	1兆8836億円
配当利回り	3.03%
PER	13.22倍
BPS	2830.8円
外国人持ち株比率	33.7%
信用倍率	24.58倍
自己資本比率	50.6%
本決算	3月末

業績データ

	単位：百万円				単位：円		配当性向
	売上高	営業利益	経常利益	純利益	1株益	1株配	
前々期実績(2023.03)	4,005,561	177,443	173,348	112,654	144.5	50	34.6%
前期実績(2024.03)	4,402,814	226,618	215,341	149,723	192.0	77	40.1%

新NISAで買うべき株

46 パナソニックホールディングス

東証プライム 6752

総合家電の大手。スイッチやコンセント、分電盤など電力関連向けの部品を数多く手掛ける。重電企業に比べると家電や住宅設備が業績に占める割合が多いが、半導体設備やデータセンター向けなどで高い省エネ技術を発揮しており、GXの進展は追い風だ。EV需要の減少によって株価は逆行安しているが、中長期目線では買い場か。

〈現在株価〉1335.5円 → 〈目標株価〉1600円

銘柄データ

売買単位	100株
最低投資金額	13万3550円
時価総額	3兆2777億円
配当利回り	－%
PER	10.06倍
BPS	1946.6円
外国人持ち株比率	33.5%
信用倍率	7.79倍
自己資本比率	48.3%
本決算	3月末

業績データ

	単位：百万円				単位：円		配当性向
	売上高	営業利益	経常利益	純利益	1株益	1株配	
前々期実績(2023.03)	8,378,942	288,570	316,409	265,502	113.8	30	26.4%
前期実績(2024.03)	8,496,420	360,962	425,239	443,994	190.2	35	18.4%

新NISAで買うべき株

47 フジクラ

東証プライム 5803

電線大手。データ通信用の光ファイバーや光通信部品、電力分野では電力ケーブルなど、データ通信と送電・配電分野で重要な位置を占める企業である。ハイエンド（高品質・高性能）製品に絞ることで利益率が大幅に改善しているのもポイントだ。業績は市場予想を上回るペースで拡大を続けており、株価上昇が加速している。

〈現在株価〉 3205円 → 〈目標株価〉 3500円

銘柄データ

売買単位	100株
最低投資金額	32万500円
時価総額	9482億円
配当利回り	1.72%
PER	17.68倍
BPS	1236.7円
外国人持ち株比率	27.4%
信用倍率	2.75倍
自己資本比率	47.1%
本決算	3月末

業績データ

	単位：百万円				単位：円		配当性向
	売上高	営業利益	経常利益	純利益	1株益	1株配	
前々期実績(2023.03)	806,453	70,163	67,897	40,891	148.3	30	20.2%
前期実績(2024.03)	799,760	69,483	69,733	51,011	185.0	55	29.7%

新NISAで買うべき株

48 ダイヘン

東証プライム 6622

変圧器や配電用機器など電力関連や産業用ロボなどのＦＡ機器、溶接機の大手。半導体製造装置向け電源も手掛ける。半導体工場を中心に受電設備が好調なほか、今後の半導体市況の回復や、企業の脱炭素投資の増加の恩恵で収益拡大が続きそうだ。5月9日に発表した3カ年の中期経営計画の進捗とともに、株価も水準を上げるだろう。

〈現在株価〉 8550円 → 〈目標株価〉 1万2000円

銘柄データ

売買単位	100株
最低投資金額	85万5000円
時価総額	2189億円
配当利回り	1.93%
PER	17.40倍
BPS	5493.7円
外国人持ち株比率	19.5%
信用倍率	7.41倍
自己資本比率	48.5%
本決算	3月末

業績データ

	単位：百万円				単位：円		配当性向
	売上高	営業利益	経常利益	純利益	1株益	1株配	
前々期実績(2023.03)	185,288	16,568	17,660	13,193	537.7	162	30.1%
前期実績(2024.03)	188,571	15,145	16,082	16,494	673.2	165	24.5%

新NISAで買うべき株

49 関電工

東証プライム 1942

電気設備工事できんでんと業界双璧。再生エネを含む電力関連の工事増加は、同社の業績拡大に直結する。実際、前期は過去最高益を大幅に更新した。首都圏で大型データセンターの新設が相次いでいるほか、東電がNTTとタッグを組んでデータセンターの開発を進めており、その恩恵は小さくないだろう。株価も着実に上昇中。

〈現在株価〉1719円 → 〈目標株価〉2100円

銘柄データ

売買単位	100株
最低投資金額	17万1900円
時価総額	3529億円
配当利回り	2.50%
PER	14.34倍
BPS	1634.0円
外国人持ち株比率	17.3%
信用倍率	3.33倍
自己資本比率	58.9%
本決算	3月末

業績データ

	単位：百万円				単位：円		配当性向
	売上高	営業利益	経常利益	純利益	1株益	1株配	
前々期実績(2023.03)	541,579	32,748	34,059	21,167	103.6	32	30.9%
前期実績(2024.03)	598,427	40,934	42,648	27,345	133.8	41	30.6%

新NISAで買うべき株

50 東京電力ホールディングス

東証プライム 9501

国内電力供給の約3割を担う電力最大手企業。福島原発事故の賠償は続くものの、洋上風力など再生可能エネルギーの開発を本格化しているのはプラス材料。新潟県の柏崎刈羽原発の再稼働準備が進んでおり、株価もそれに向けて乱高下している。ただ、再稼働が実現した後は、中長期的な株価上昇の動きに収束すると思われる。

〈現在株価〉978.9円 → 〈目標株価〉1500円

銘柄データ

売買単位	100株
最低投資金額	9万7890円
時価総額	1兆5731億円
配当利回り	−%
PER	−倍
BPS	1567.5円
外国人持ち株比率	26.4%
信用倍率	3.32倍
自己資本比率	24.1%
本決算	3月末

業績データ

	単位：百万円				単位：円		配当性向
	売上高	営業利益	経常利益	純利益	1株益	1株配	
前々期実績(2023.03)	8,112,225	-228,969	-285,393	-123,631	-77.2	0	0.0%
前期実績(2024.03)	6,918,389	278,856	425,525	267,850	167.2	0	0.0%

大勝ちを狙え!

億り人が こっそり 狙う株 50

緊急座談会

3人の億り人が語る

日経平均5万円に向けた今後注目のテーマと大勝ち を狙う銘柄50

日経平均が史上最高値を更新し、新NISAが始まるなど新しい株式投資環境が整った。新時代の幕開けに際し、億り人3人がこれからの注目テーマについて背景や理由を語るとともに、テーマに即した大勝ち候補銘柄を解説する。

投資が貧富の差を生み貧しい人はさらに貧しく

とりで　日経平均が史上最高値を34年ぶりに更新し、4万円台をつけるまでに至りました。お二人はこの値動きを予想されてましたか。

9945　新NISAが始まることと、アメリカと中国の新冷戦により日本に投資資金が来そうだと思っていましたが、まさかここまでとは。

DAI　確かに。株価は基本右肩上がりなので、いずれ4万円は超えると思っていましたが。

9945　今のような外国人投資家主導の相場は、大型株じゃないとなかなか値上がりしないですね。

DAI　それでも私はこの上昇相場を「メイドインジャパン」の復活と捉えています。だから1年後、2年後の成長を見据えて長期目線で投資するとよいと思っています。

とりで　私も同意です。数年前まではウィズコロナ、アフターコロナという言葉をよく聞きましたが、今はまったく聞かれなくなりました。コロナを経て時代が一気に10年ぐらい先に進んだ感があります。失われた30年を少し取り戻したのかもしれません。でもそれについてこられる人とそうでない人がいる。

DAI　新NISAもそうですね。やる人とやらない人では貧富の差が大きくなってしまう。

9945　確かに**「貧富の拡大」**というのがテーマになりそうです。たとえば中古品。先日、iPhoneを新品で購入したのですが、14万円もしました。円安もあり、スマホも高額になっています。そこで中古スマホの購入需要が起きています。DVDレンタル大手の**ゲオ**は、主婦層も多く来店しています。

DAI　リユースセクターの企業の株価は総じて安いですね。

とりで　競合企業も多いですが、3兆円の市場規模が2030年には4兆円に拡大すると見込まれているので、期待は大きいです。

9945　あとは節約銘柄としてのディスカウントストア。たとえば**大黒天物産**は、たこ焼き100円や1

98円の弁当など、とにかく安い。神戸物産（3038）も有名ですが、埼玉地盤の**マミーマート**も面白いですし、九州を中心に展開する**トライアルHD**も商圏拡大が見込めます。

DAI　その視点だとゲンキー（9267）などのドラッグストアも面白いと思いますね。

9945　あと食の視点からは、**あみやき亭**が北千住駅東口徒歩1分に「感動の肉と米」という店をオープンして行列ができているというので行ってきました。

とりで　さすが街角ウオッチャー、足で稼ぐんですね。

9945　1000円でステーキ定食が、900円（東海エリアは800円）でハンバーグ定食が食べられます。さらに、ごはんおかわり無料はもちろんのこと、肉そぼろ、野沢菜、キムチなどのごはんのお供が食べ放題で、卵も1つ無料。私にはビビビッと来ました。みんなコスパ重視ですから、これは流行ると。とある名古屋の投資家さんは10回行ってもピンとこなかったようですが。私の体感上、お肉関連の飲食店の景気回復は他業種よりも大体半年ほど遅れてやってくるので、これから期待できると踏んでます。

とりで　なんだか貧しいほうの話ばかりになってますね。

人が戻りビジネスが回り始め街角から買うべき銘柄を発掘

9945　富裕層向けビジネスでも注目している企業がありますよ。**ジャパン・アイウェア・ホールディングス**は、金子眼鏡で有名な高級ブランド眼鏡。銀座ほか、百貨店など高級ブランド店が居並ぶところに出店しています。

DAI　投資家の間では、もう1つのブランド999．9（フォーナインズ）を愛用している人も多いですね。

9945　福井県鯖江市で作っており、一度使うとかけ心地のよさからやめられないと聞きます。外国人旅行者の指名買いも多いようです。

とりで　羽田空港第3ターミナル店があるのもそれですね。ところで池袋の街角は今どんな感じですか?

9945　よくぞ聞いてくれました。池袋に人が戻ってきたので、私が得意とする街角ウォッチングで銘柄を

テーマ解説［億り人紹介］

DAIBOUCHOUさん

2000年より個別株投資を開始。2004年10月に資産1.5億円で専業投資家になり、2006年1月に資産10億円を達成。現在の投資スタイルは割安成長株の分散投資。趣味は外食、旅行。Xアカウント：@DAIBOUCHO

www9945さん

50代の専業投資家。年収300万円台の清掃員から、株で資産7億円を築いたスゴ腕として知られるカリスマ投資家。池袋の街角ウォッチングで時代の最先端銘柄発掘を得意とする。Xアカウント：@www99459945

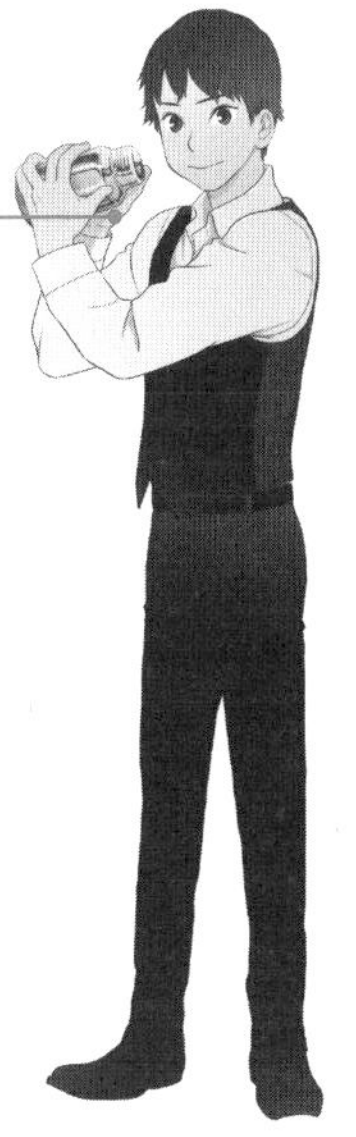

とりでみなみさん

長期分散投資を旨とする40代兼業投資家。20代のときに50歳で3億円を貯めることを目標に掲げ投資をスタート、現在の資産は3億円超。マクロ視点からの銘柄選択を得意とする。Xアカウント：@torideminami

見つける手法がようやく機能してきました。まず、コインパーキングが埋まっています。4台分あればいつも3台はとまっている感覚です。その中でも**パラカ**が目立ちます。あとは池袋の店舗の新陳代謝が早まっています。コロナ中に補助金で休業していただけの所が普通に潰れるようになりました。そんな中で**ハークスレイ**が手掛ける「店舗流通ネット」の看板を多く見かけるように。店舗の回転率が上がればさらに儲かります。

DAI　ハークスレイは飲食店ビルを保有する不動産業の企業として、私も注目していました。

9945　あとは**TKP**です。確かにコロナ前の水準ではないものの、来期の予想は66%増益と好調なのに株価は下がっています。

DAI　コロナをよく生き残りましたね。それでもコロナ禍の株価を割りそう。増収増益予想が信用されていない感じですね。無配は逆風かな。

9945　アメリカの貸しオフィス会社をちょうどコロナ直前に買収したことが裏目に出て、結局、安値で三菱地所に売却することになり、減収要因になっています。それでもイオンモールに隣接した宿泊施設を造ったり、エスクリ、アパホテルとも提携して、結婚式や研修と、宴会需要をまとめて取り込もうとするなど意欲的。あとは**アコム**です。配当利回り3%と高めで、池袋にも店舗が移転オープンするなど、街中の遊興施設が活況を呈するのと並行して需要が伸びていることがうかがえます。

とりで　池袋の遊興施設ってどんなイメージですか?

9945　ガールズバーとか、その延長線上をイメージしてもらえれば。

とりで　ああ、なるほど。

DAI　ジャックス（8584）とかカード会社にもわりと恩恵があるんじゃないかな。コレクションアイテムの購入などで高額の買い物も増えるのではないかと。

とりで　やはりコロナ禍明けは、業績に濃淡が出やすいですよね。DAIBOUCHOUさんはどんな業界がテーマになると思いますか?

資金が流れる業界はどこか想像し先回りして儲ける

DAI　まずは「**造船**」と「**空調工事**」ですね。数年前に日本郵船や商船三井などが特需で増配し、配当利回り10%を超えるような相場があったことを記憶している人も多いと思います。そのときの利益で新しく船を造ろうという資金の流れが生まれて、昨年から造船バブルになっています。それにいち早く気づいた投資家は初動から買っていますね。

9945　オフ会に行くと、必ず造船銘柄の話題になりますよね。

とりで　昔、携帯ゲームの『パズドラ』のヒットでガンホーを買って億り人になった若い投資家さんがいたけれど、造船銘柄でも生まれてますね。でも実力や経験以上に一気に儲けてしまうと、そのあと身を持ち崩す投資家さんも数多く見てきました。やはり宝くじの当せんに近い感じなのかな。ただ、急騰した造船銘柄も多いけれど、数年は続く息の長いテーマなのだろうと思います。

DAI　造船のど真ん中銘柄としては**名村造船所**と**三井E&S**ですね。特に後者はアメリカが中国への情報流出を警戒し、港湾施設の中国製クレーンを三井E&Sの子会社のクレーンに切り替えるといった話題もあります。また既存船の燃費向上ができる**中国塗料**も注目です。海底3000メートルの深海から原油を掘る1隻数千億円という高額な船を販売している**三井海洋開発**も注目です。ここも戦争などによる原油高騰で掘削業者が得た利益で、海からも採掘できる同社の船を発注するという構造になっています。

とりで　明確に景気のいい業界があり、その資金の流れでさらに活況な業界があるといった経済界のトリクルダウンですね。

DAI　一時期話題となったシェールオイルも、大量の水や化学薬品を使い、地盤沈下や環境汚染などさまざまなトラブルを抱えます。海底油田はシェール掘削ほどの環境汚染リスクが少ない点もメリットです。ここはほかの造船とは違って、船自体を自社で造るわけではなく、船は外注して、あくまでも掘削のための機械を船に取りつけるというビジネスモデル。極端な話、タンカーを改造して機械を設置するだけでも成立するビジネスです。海底原油はまだまだ埋蔵量もありそうだし、IRに問い合わせたところ、今の中期経営計画の中では案件受注を1件ぐらいしか見込んでいないということだったので、上振れが期待できそうかなと。

とりで　「空調工事」はなぜ注目なのですか?

DAI　円安や、中国を含む地政学的リスクが意識される中で、工場の国内回帰が1つのテーマになるのではないかと思っています。そこで必ず必要になるのが空調設備です。今、受注単価がすごく上昇して案件を選別しているような状況なので直近株価が上昇しているんですが、それでも株価は割安に放置されています。

9945　建設会社と不動産会社の違いみたいですね。建設会社は造って終わりで次期の受注が確約されていないから株価が割安になり、一方、不動産賃貸のようなビジネスモデルは来季の利益の安定が見込まれるから株価が高いというような。

DAI　ただ、工場の国内回帰は数年では終わらない流れだと思うので、まだ伸びるのではないかなと。今流行りのAI用のデータセンターは大規模な空調設備が必要になるし、国内の夏がこれだけ暑くなる中、食品も化学も国内工場を新設するなら絶対に空調が必要になります。空調工事関連銘柄としては、**テクノ菱和**、**日本電技**、**東テク**、新日本空調の4社、空調機器メーカーとしては**木村工機**と**新晃工業**が挙げられます。

9945　私も以前、富士古河E&C(1775)を持っていました。コロナ禍で配当利回り5%を超えていて、先日買い値から4倍になったので売却しましたが、今でもPER11倍と安いですね。

インフレは不動産に追い風　節税や相続税対策で向かう先

DAI　あと注目は**「不動産関連」**銘柄です。コロナが明けて、インバウンドも戻ってきた。インフレで若者の給料も上がって、ビジネスが回り始めています。たとえば、京都中心に賃貸マンションを保有する**長栄**や、リニアの始発駅として品川の再開発で**西武HD**、近畿圏地盤の**ヤマイチ・ユニハイムエステート**などに注目しています。また、今は投資用不動産がすごく値上がりしています。たとえば2億5000万円の物件で年1000万円ぐらいの収益物件でも売れていくような状況。

9945　そんなに利回りが低くても売れるんだ。それなら建てて高く売れるから儲かりますね。

DAI　東京23区で投資用マンションを販売する**グッドコムアセット**や、貸会議室やホテルも好調な**サンフロンティア不動産**、子会社にスターツ出版(7849)を持つ**スターツコーポレーション**、ファンド組成が得意な**霞ヶ関キャピタル**、サブリースが主力の**アンビションDXHD**なども注目です。

とりで　インフレ下では現金保有より不動産に替えようという流れは続きそう。投資用マンションなどは相続税対策にもなるし。

DAI　相続税対策としては**「オペリース」**もありますね。投資や事業などで儲けた人が多いのと、こういう節税対策が世の中に広まったという背景もあるかなと。業界トップの**FPG**や、航空機リースの**JIA**、SBI傘下の**SBIリーシングサービス**があります。

健康に直結する日本食は　新しい世界のスタンダードへ

とりで　もう1つ、私は**「日本食」**がテーマになると思うんですよね。

9945　珍しく意見が合いますね。外国人が日本に来る楽しみの1つが日本食。特にアメリカ人は日本でたらふく食べても痩せて帰っていくという笑い話があるほど。

とりで　しょうゆの**キッコーマン**や**味の素**は海外売上比率がすでに75%と62%に達しています。

9945　先日上場廃止が決まった永谷園も海外売上比率は40%を越えていました。特にキッコーマン、宝

HD（2531）、**西本ウィズメタックHD**は海外への日本食材卸事業の3大企業です。**紀文食品**は海外売上比率がまだ低いものの、大株主にキッコーマンがいるので、海外展開したら腹持ちがよくてヘルシーなカニカマやちくわはブームになるかなと。

DAI　糖質ゼロ麺なども受けるかもしれませんね。

とりで　お土産品を扱う**寿スピリッツ**も昔から注目しています。だって、原価の安いお菓子を必ず定価で売れるビジネスモデルはほかにないなと。

DAI　とりでさんがほかに注目しているテーマはありますか？

とりで　「**通信**」と「**eスポーツ**」そして「**九州**」です。みなさんがインフラとして真っ先に思い浮かべるのは、電気・水道・ガスだと思いますが、実は通信も止まると経済や生活が成り立たないぐらい重要です。でもその認識がまだ追いついていないところに妙味を感じます。たとえばフィリピンに強い**IPS**や、言わずと知れた**NTT**、企業向けには**ボードルア**、人口増加が続く沖縄専業のKDDI系の**沖縄セルラー電話**などです。またオリンピックの正式種目になるかもしれない「eスポーツ」では、ゲーミングPCの**MCJ**、eスポーツコースもあるルネサンス高校を運営している**ブロードメディア**、イベント運営を手掛ける**GLOE**などです。「九州」は熊本の半導体関連です。熊本は今、TSMCの半導体工場の恩恵でバブルです。**九州リースサービス**に**九州電力**、**九州フィナンシャルグループ**など、九州と名がつくならなんでもいいぐらい。

DAI　私も九州地盤の食品卸大手ヤマエグループHD（7130）を保有しています。

とりで　サステナビリティの観点から「**産廃**」も注目しています。リサイクルができる**タクマ**、最終処分場を持つ**ミダックHD**、その両方を持つ**TREHD**です。

DAI　TREHDは輪島で処分場計画を進めていたところに震災があったので、前倒しで進めているみたいです。

先行するアメリカを追い 無形資産の評価が高まる

9945　最後に私が注目するのは「**IP（知的財産）**」銘柄です。今、無形資産の時代が来ています。

とりで　それは確かにそうで、アメリカの時価総額の9割が無形資産の評価価値で、現金や設備などの有形資産は1割に過ぎない状態です。日本でもようやく3割程度が無形資産になっていますが、まだまだです。

9945　私が注目するのはゴジラを抱える**東宝**。特撮が海外に人気で、新宿のTOHOシネマズのゴジラヘッドはフォトスポットにもなっています。ポイントは東宝がIPの重要性にようやく気づいて戦略を打ち始めた点。『シン・ゴジラ』がヒットした際、全米展開を他社に任せたためグッズもスピンオフ作品も自社で自由に企画できなかった反省を活かし、『ゴジラ-1.0』では海外から版権を取り戻しました。以降、自社配給しないといけないと体制を整えようとしています。ここの売上は不動産業で3割あるので、当たり外れの多い映画産業のヘッジもある程度できているところも利点。

とりで　バンダイナムコ（7832）がガンダムの版権が欲しくて創通を買収したのと似ていますね。

DAI　製薬会社がバイオベンチャーを買収するのにも似ています。

9945　もう1社注目したいのが**ソニー**。もはや家電メーカーではなく6割がエンターテインメント事業になっています。特にYOASOBIなどを擁する音楽事業の利益率は20%にも達しています。マイケル・ジャクソンの版権も半分を6億ドル（約900億円）で買収することを発表。またクランチロールという子会社がアメリカでアニメを中心とした配信事業を行っていて、この会員が1300万人を超え、2300万人にまで増加するとの予想も。この事業転換は2012年に就任した平井一夫元社長からの流れです。

とりで　この無形資産というテーマは日本の株式市場全体に波及して今後さらに加速しそうですね。

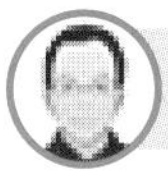

DAIBOUCHOUさんの おすすめ20銘柄　〈造船〉〈空調工事〉〈不動産関連〉〈オペリース〉

新NISAで買うべき株 51 名村造船所

東証スタンダード 7014

造船の準大手。脱炭素の流れもあり、コロナ禍で特需のあった海運業界からの老朽船の更新需要で受注が好調。通常、受注から納品まで数年かかるため受注を確認できると業績を読みやすい。直近弱気な業績予想で株価は下げると見込むも、2025年2月発表予定の第3四半期決算発表へ向けて見直し買いが入るのではないかと予想。

〈現在株価〉 1889円 → 〈目標株価〉 2400円

銘柄データ

売買単位	100株
最低投資金額	18万8900円
時価総額	1310億円
配当利回り	1.59%
PER	8.73倍
BPS	1145.4円
外国人持ち株比率	7.5%
信用倍率	4.18倍
自己資本比率	45.4%
本決算	3月末

業績データ

	単位：百万円				単位：円		配当性向
	売上高	営業利益	経常利益	純利益	1株益	1株配	
前々期実績(2023.03)	124,080	9,595	11,369	11,194	161.9	5	3.1%
前期実績(2024.03)	135,006	16,493	20,007	19,954	287.9	20	6.9%

新NISAで買うべき株 52 三井E&S

東証プライム 7003

船舶用エンジンで国内首位。造船需要に合わせ、脱炭素につながる燃費のよい最新エンジンの需要あり。また、米中対立の中、米国の港湾施設にあるクレーンについて中国製を排除する動きから、米政府から米国子会社が調達先として名前が挙がり、株価が急騰。いったん落ち着きを見せたが、今後、需要を背景に再度買いが入ると期待。

〈現在株価〉 1416円 → 〈目標株価〉 1700円

銘柄データ

売買単位	100株
最低投資金額	14万1600円
時価総額	1460億円
配当利回り	0.85%
PER	4.08倍
BPS	1311.6円
外国人持ち株比率	23.2%
信用倍率	5.76倍
自己資本比率	30.4%
本決算	3月末

業績データ

	単位：百万円				単位：円		配当性向
	売上高	営業利益	経常利益	純利益	1株益	1株配	
前々期実績(2023.03)	262,301	9,376	12,532	15,554	177.5	3	1.7%
前期実績(2024.03)	301,875	19,630	20,711	25,051	255.7	5	2.0%

新NISAで買うべき株

53 中国塗料

東証プライム 4617

船舶用塗料で世界2位。国内シェアも6割。燃料費高騰や脱炭素の流れを受けて、塗装するだけで燃費が向上する同社製品が、活発な需要の新造船だけでなく修繕船向けも好調というのが大きな特徴。直近弱気な業績予想で株価は下げると見込むも、2025年2月発表予定の第3四半期決算発表へ向けて見直し買いが入ると期待。

〈目標株価〉2500円 ← 〈現在株価〉2049円

銘柄データ

売買単位	100株
最低投資金額	20万4900円
時価総額	1127億円
配当利回り	3.95%
PER	10.16倍
BPS	1422.6円
外国人持ち株比率	21.5%
信用倍率	45.51倍
自己資本比率	53.3%
本決算	3月末

業績データ

	単位：百万円				単位：円		配当性向
	売上高	営業利益	経常利益	純利益	1株益	1株配	
前々期実績(2023.03)	99,481	3,887	4,351	3,848	76.7	35	45.6%
前期実績(2024.03)	116,174	12,185	13,025	9,892	199.6	80	40.1%

新NISAで買うべき株

54 三井海洋開発

東証プライム 6269

現在、注目される海底の岩塩層下（プレソルト）の油田開発に欠かせないFPSOと呼ばれる原油生産貯蔵設備を設計・製造。石油掘削業者が戦争による原油高騰で得た利益でFPSOを発注するという流れ。現中計では新規案件受注を1件ほどしか見込んでいないとのことから、上振れに期待。会計がすべてドル建てで円安恩恵もあり。

〈目標株価〉3300円 ← 〈現在株価〉2725円

銘柄データ

売買単位	100株
最低投資金額	27万2500円
時価総額	1862億円
配当利回り	1.47%
PER	10.94倍
BPS	2369.1円
外国人持ち株比率	13.0%
信用倍率	0.88倍
自己資本比率	25.5%
本決算	12月末

業績データ

	単位：百万円				単位：円		配当性向
	売上高	営業利益	経常利益	純利益	1株益	1株配	
前々期実績(2022.12)	363,593	9,997	7,277	4,960	88.0	0	0.0%
前期実績(2023.12)	507,031	27,364	30,446	13,691	219.4	20	9.1%

DAIBOUCHOUさんのおすすめ20銘柄　〈造船〉〈空調工事〉〈不動産関連〉〈オペリース〉

新NISAで買うべき株 55 テクノ菱和

東証スタンダード 1965

空調工事の中堅。新薬開発や電子デバイス製造などといった最先端の生産設備に求められるスーパークリーンルームを50年以上前から手掛ける。昨今の半導体工場やデータセンター建設などの空調設備工事需要が見込まれ、2023年度に続き、好決算が継続すると期待している。株主優待で静岡の新茶がもらえるのもうれしい。

〈現在株価〉1759円 → 〈目標株価〉2100円

銘柄データ

売買単位	100株
最低投資金額	17万5900円
時価総額	403億円
配当利回り	2.96%
PER	10.00倍
BPS	2337.7円
外国人持ち株比率	3.3%
信用倍率	55.45倍
自己資本比率	64.5%
本決算	3月末

業績データ

	単位：百万円				単位：円		配当性向
	売上高	営業利益	経常利益	純利益	1株益	1株配	
前々期実績(2023.03)	61,030	3,175	3,557	2,339	107.4	36	33.5%
前期実績(2024.03)	73,688	5,792	6,374	4,506	209.4	48	22.9%

新NISAで買うべき株 56 木村工機

東証スタンダード 6231

業務用空調機器メーカー。省エネに優れるヒートポンプ式に強みを持つ。ホテルや図書館、老人介護施設などをはじめ、オフィスや倉庫、ホールや体育館など、幅広い導入実績がある。中でも工場などの産業向けが中心で、今後の工場の国内回帰の流れに加え、地球温暖化に伴う猛暑対策としての空調需要にも期待できる。

〈現在株価〉5350円 → 〈目標株価〉6500円

銘柄データ

売買単位	100株
最低投資金額	53万5000円
時価総額	206億円
配当利回り	1.68%
PER	9.09倍
BPS	2697.9円
外国人持ち株比率	3.1%
信用倍率	ー倍
自己資本比率	47.9%
本決算	3月末

業績データ

	単位：百万円				単位：円		配当性向
	売上高	営業利益	経常利益	純利益	1株益	1株配	
前々期実績(2023.03)	11,703	1,572	1,567	1,037	285.6	40	14.0%
前期実績(2024.03)	13,852	2,679	2,682	2,065	577.0	90	15.6%

DAIBOUCHOU

新NISAで買うべき株

57 新晃工業

東証プライム 6458

業務用空調機の中堅メーカー。高層ビルやショッピングセンター、病院、劇場などの大規模施設で、熱源機器を1カ所に集中設置して空調管理を行うセントラル空調機器で国内シェアトップ。中国やタイにも進出中。理化学研究所のスーパーコンピュータ「富岳」にも採用されており、今後半導体工場やデータセンターでの採用拡大を見込む。

〈現在株価〉4260円 → 〈目標株価〉5200円

銘柄データ

売買単位	100株
最低投資金額	42万6000円
時価総額	1159億円
配当利回り	3.17%
PER	15.50倍
BPS	2469.3円
外国人持ち株比率	22.8%
信用倍率	6.40倍
自己資本比率	69.4%
本決算	3月末

業績データ

	単位：百万円				単位：円		配当性向
	売上高	営業利益	経常利益	純利益	1株益	1株配	
前々期実績（2023.03）	44,805	5,998	6,540	4,514	178.6	57	31.9%
前期実績（2024.03）	51,943	8,627	9,120	6,580	265.1	105	39.6%

新NISAで買うべき株

58 日本電技

東証スタンダード 1723

ビルや工場などに計測器を装備する計装工事の大手。提携中のアズビルの計装工事会社として1959年に設立。ビルなどの空調や生産ラインなどを計測・監視・制御することで省エネ化・省力化・快適化を実現させる。円安や中国を含む地政学的リスクに伴う工場の国内回帰の流れが続く中、空調計装工事需要の増加に期待。

〈現在株価〉5520円 → 〈目標株価〉6600円

銘柄データ

売買単位	100株
最低投資金額	55万2000円
時価総額	453億円
配当利回り	3.19%
PER	10.22倍
BPS	4329.5円
外国人持ち株比率	13.7%
信用倍率	ー倍
自己資本比率	74.9%
本決算	3月末

業績データ

	単位：百万円				単位：円		配当性向
	売上高	営業利益	経常利益	純利益	1株益	1株配	
前々期実績（2023.03）	34,308	4,502	4,613	3,167	395.5	152	38.4%
前期実績（2024.03）	38,894	6,248	6,324	4,672	585.8	184	31.4%

DAIBOUCHOUさんのおすすめ20銘柄　〈造船〉〈空調工事〉〈不動産関連〉〈オペリース〉

新NISAで買うべき株 59 東テク

東証プライム 9960

2025年7月に70周年を迎える空調関連機器商社。ビルや工場などに計測器を装備する計装工事も手掛け、保守メンテナンスにも強みを持ち、高い利益率を誇る。工場の国内回帰の流れが続く中、空調計装工事需要の増加に期待。サブコンと呼ばれる土木・建築工事の一部を請け負う事業者が頭を下げて工事を依頼するほどの好調が続く。

〈現在株価〉2670円 → 〈目標株価〉3300円

銘柄データ

売買単位	100株
最低投資金額	26万7000円
時価総額	1120億円
配当利回り	2.73%
PER	14.64倍
BPS	1299.3円
外国人持ち株比率	12.8%
信用倍率	2.50倍
自己資本比率	53.2%
本決算	3月末

業績データ

	単位：百万円				単位：円		配当性向
	売上高	営業利益	経常利益	純利益	1株益	1株配	
前々期実績(2023.03)	126,696	7,730	8,172	5,230	127.4	54	42.4%
前期実績(2024.03)	140,732	9,905	10,585	7,004	170.4	68.33	40.1%

新NISAで買うべき株 60 霞ヶ関キャピタル

東証プライム 3498

開発用地を取得して倉庫などの開発計画を作り、開発ファンド投資家に売却。コンサルフィーを受け取りつつ開発を推進、完成後は成功報酬を受け取るというビジネスモデル。冷凍食品の消費増や2030年のフロン規制に向けた冷蔵倉庫の設備投資などの需要が旺盛。純利益100億円の強気な中計達成と成功報酬による業績上乗せに期待。

〈現在株価〉1万7120円 → 〈目標株価〉2万1300円

銘柄データ

売買単位	100株
最低投資金額	171万2000円
時価総額	1683億円
配当利回り	0.99%
PER	29.87倍
BPS	2332.9円
外国人持ち株比率	11.4%
信用倍率	277.47倍
自己資本比率	25.2%
本決算	8月末

業績データ

	単位：百万円				単位：円		配当性向
	売上高	営業利益	経常利益	純利益	1株益	1株配	
前々期実績(2022.08)	20,780	2,141	1,732	1,018	132.9	30	22.6%
前期実績(2023.08)	37,282	4,442	4,119	2,050	253.2	60	23.7%

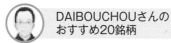

新NISAで買うべき株

61 グッドコムアセット

東証プライム 3475

東京23区で投資用マンションを販売。アジア太平洋地域14カ国、100万社以上の企業を調査対象とした「急成長企業ランキング」で、上位500社に4年連続選出。今期の想定粗利率が低すぎると思われるため、弱気予想の是正からの株価上昇が見込める。さらに、これまで蓄積された仕入れ不動産の売却で業績成長もあり得る。

〈現在株価〉 678円 → 〈目標株価〉 900円

銘柄データ

売買単位	100株
最低投資金額	6万7800円
時価総額	207億円
配当利回り	5.31%
PER	6.02倍
BPS	367.9円
外国人持ち株比率	3.5%
信用倍率	49.62倍
自己資本比率	21.7%
本決算	10月末

業績データ

	単位：百万円				単位：円		配当性向
	売上高	営業利益	経常利益	純利益	1株益	1株配	
前々期実績(2022.10)	40,048	4,612	4,342	2,858	99.6	30	30.1%
前期実績(2023.10)	22,190	2,141	1,788	1,030	35.8	35	97.8%

新NISAで買うべき株

62 サンフロンティア不動産

東証プライム 8934

東京におけるオフィスビルや店舗ビルを中心に、ビル再生事業などの不動産活用の専門サービスを提供。目下、再生を手掛けて管理する貸し会議室やホテルが好調で、不動産再生だけでなくストック性の高い事業も営むことが魅力。2025年5月発表の本決算で、この貸し会議室やホテルの業績シェアが増えて、評価が一段変わると予想。

〈現在株価〉 1971円 → 〈目標株価〉 2400円

銘柄データ

売買単位	100株
最低投資金額	19万7100円
時価総額	961億円
配当利回り	3.35%
PER	6.84倍
BPS	1864.4円
外国人持ち株比率	16.1%
信用倍率	34.33倍
自己資本比率	48.0%
本決算	3月末

業績データ

	単位：百万円				単位：円		配当性向
	売上高	営業利益	経常利益	純利益	1株益	1株配	
前々期実績(2023.03)	82,777	14,905	14,722	11,612	239.0	48	20.1%
前期実績(2024.03)	79,868	17,600	17,374	11,917	245.5	58	23.6%

新NISAで買うべき株

63 スターツコーポレーション

東証プライム 8850

賃貸住宅の建設だけでなく、住宅情報サイト『ピタットハウス』も展開。子会社に雑誌『オズマガジン』や女性向け情報サイト『オズモール』を手掛けるスターツ出版も。意外にストック性が高いビジネスがあり、毎年10％程度の安定的業績成長が継続しているにもかかわらず、なぜか予想PER8倍と安く放置されており、狙い目。

〈現在株価〉3340円 → 〈目標株価〉4000円

銘柄データ

売買単位	100株
最低投資金額	33万4000円
時価総額	1804億円
配当利回り	3.29%
PER	7.41倍
BPS	3264.6円
外国人持ち株比率	15.4%
信用倍率	1.30倍
自己資本比率	50.0%
本決算	3月末

業績データ

	単位：百万円				単位：円		配当性向
	売上高	営業利益	経常利益	純利益	1株益	1株配	
前々期実績(2023.03)	233,871	28,095	30,002	20,218	407.1	93	22.8%
前期実績(2024.03)	233,408	30,498	33,396	22,095	444.8	105	23.6%

新NISAで買うべき株

64 アンビションDXホールディングス

東証グロース 3300

都内中心に建物を丸ごと借り上げ、賃貸経営を一手に引き受けるサブリースが主力。コロナ禍明け本格化で賃貸仲介も回復。不動産DXで業務効率化推進投資マンションと賃貸仲介、不動産賃貸が好調にもかかわらずPERが低く株価が安値に見える。他の不動産会社と違い、ここは不動産DXも売りにしていることも特徴で、期待感がある。

〈現在株価〉920円 → 〈目標株価〉1100円

銘柄データ

売買単位	100株
最低投資金額	9万2000円
時価総額	63億円
配当利回り	2.72%
PER	5.73倍
BPS	805.8円
外国人持ち株比率	2.7%
信用倍率	ー倍
自己資本比率	22.3%
本決算	6月末

業績データ

	単位：百万円				単位：円		配当性向
	売上高	営業利益	経常利益	純利益	1株益	1株配	
前々期実績(2022.06)	31,607	1,498	1,355	826	121.4	19	15.7%
前期実績(2023.06)	36,239	1,603	1,482	961	141.2	22	15.6%

新NISAで買うべき株

65 長栄

東証スタンダード 2993

京都を中心としたマンションやビルの賃貸事業。バリュー投資家がこぞって一目置く銘柄。多額の有利子負債による自己資本比率の低さのデメリットを、保有不動産の値上がり期待が上回る。賃貸事業は仕事がなくなるというリスクが低く、大きな不況が来ても簡単には倒産しないはず。配当利回りが5%近くと意外に高いのも魅力。

〈目標株価〉2500円　←　〈現在株価〉2091円

銘柄データ

売買単位	100株
最低投資金額	20万9100円
時価総額	94億円
配当利回り	4.30%
PER	8.39倍
BPS	2347.1円
外国人持ち株比率	0.3%
信用倍率	ー倍
自己資本比率	16.9%
本決算	3月末

業績データ

	単位：百万円				単位：円		配当性向
	売上高	営業利益	経常利益	純利益	1株益	1株配	
前々期実績(2023.03)	9,162	2,329	2,003	1,370	310.1	100	32.2%
前期実績(2024.03)	9,368	1,824	1,504	1,256	288.7	107	37.1%

新NISAで買うべき株

66 西武ホールディングス

東証プライム 9024

西武鉄道のほか、「プリンスホテル」を運営し、グループで全国に1億平米もの土地を保有するなど不動産事業にも注力。リニアの始発駅である品川を大規模再開発中で、これが完成に近づけばリニア開業に向けた話題とともに期待感からの株価上昇が見込める。事業としても順調にいけば、長期目線では次に箱根への投資も考えられる。

〈目標株価〉2800円　←　〈現在株価〉2310円

銘柄データ

売買単位	100株
最低投資金額	23万1000円
時価総額	7472億円
配当利回り	1.30%
PER	26.75倍
BPS	1417.3円
外国人持ち株比率	18.4%
信用倍率	2.20倍
自己資本比率	26.1%
本決算	3月末

業績データ

	単位：百万円				単位：円		配当性向
	売上高	営業利益	経常利益	純利益	1株益	1株配	
前々期実績(2023.03)	428,487	22,155	20,133	56,753	188.7	25	13.2%
前期実績(2024.03)	477,598	47,711	43,000	26,990	89.7	25	27.9%

DAIBOUCHOUさんのおすすめ20銘柄　〈造船〉〈空調工事〉〈不動産関連〉〈オペリース〉

新NISAで買うべき株 67 ヤマイチ・ユニハイムエステート

東証スタンダード 2984

コロナの影響による上場延期を経て2022年6月に上場。森を買って造成し戸建てを売るというような2～3年という長いスパンの分譲事業もあるが、商業施設などの賃貸収入も多い。PBRが0・6倍ほどと低いのに増資を発表したことを嫌気してさらに株価が値下がりするも、この増資で案件は増加中。予想PER6倍ほどと割安。

〈現在株価〉851円 → 〈目標株価〉1000円

銘柄データ

売買単位	100株
最低投資金額	8万5100円
時価総額	72億円
配当利回り	3.53%
PER	5.01倍
BPS	1664.6円
外国人持ち株比率	0.9%
信用倍率	1630.00倍
自己資本比率	24.4%
本決算	3月末

業績データ

	単位：百万円				単位：円		配当性向
	売上高	営業利益	経常利益	純利益	1株益	1株配	
前々期実績（2023.03）	18,626	2,508	2,134	1,307	193.8	30	15.5%
前期実績（2024.03）	20,083	2,343	1,935	1,255	174.8	33	18.9%

新NISAで買うべき株 68 JIA（ジャパンインベストメントアドバイザー）

東証プライム 7172

節税対策になる航空機リース商品を販売。中古機も扱う。円安などの恩恵を受けた好業績企業による法人税繰り延べ対策のため需要増。2026年度に純利益250億円の強気の中計目標あり。保守的に純利益200億円×PER10倍＝時価総額2000億円を目安としてみたが、本当に達成されたら一段騰げも。優待にQUOカードあり。

〈現在株価〉1297円 → 〈目標株価〉1600円

銘柄データ

売買単位	100株
最低投資金額	12万9700円
時価総額	791億円
配当利回り	1.23%
PER	18.24倍
BPS	1037.9円
外国人持ち株比率	2.3%
信用倍率	27.98倍
自己資本比率	22.6%
本決算	12月末

業績データ

	単位：百万円				単位：円		配当性向
	売上高	営業利益	経常利益	純利益	1株益	1株配	
前々期実績（2022.12）	18,045	1,298	5,897	4,412	90.6	19.85	21.9%
前期実績（2023.12）	21,818	5,492	3,668	2,359	48.5	19.85	40.9%

新NISAで買うべき株

69 FPG

東証プライム 7148

銘柄データ

売買単位	100株
最低投資金額	20万5700円
時価総額	1832億円
配当利回り	4.28%
PER	11.71倍
BPS	579.7円
外国人持ち株比率	10.2%
信用倍率	11.26倍
自己資本比率	24.1%
本決算	9月末

節税対策になるオペレーティングリース商品を販売。航空機だけでなくリース事業自体を幅広く手掛ける。同業態では最大手。配当利回りも約4%と高め。2024年度は上方修正済み、2025年度は純利益200億、EPS230円を見込む。配当性向も高いので、PER14倍程度までの評価を見込めるのではないかと考えている。

〈目標株価〉2500円 ← 〈現在株価〉2057円

業績データ

	単位：百万円				単位：円		配当性向
	売上高	営業利益	経常利益	純利益	1株益	1株配	
前々期実績（2022.09）	59,193	11,744	12,466	8,475	99.2	50	50.4%
前期実績（2023.09）	71,149	18,265	17,989	12,466	146.0	73	50.0%

新NISAで買うべき株

70 SBIリーシングサービス

東証グロース 5834

銘柄データ

売買単位	100株
最低投資金額	30万5500円
時価総額	238億円
配当利回り	3.27%
PER	6.51倍
BPS	2712.8円
外国人持ち株比率	7.2%
信用倍率	114.80倍
自己資本比率	27.9%
本決算	3月末

航空機や船舶などの節税対策になるオペレーティングリース商品を販売。SBIグループ傘下で地銀等と連携しての販売が特徴。販路が確保されていることから営業力が弱いのか、JAやFPGに比べ成長力が見劣りするが、逆に株価が安い点が魅力。この業界が今後も伸び続けていくのであれば、株価も併せて上昇するものと思われる。

〈目標株価〉3800円 ← 〈現在株価〉3055円

業績データ

	単位：百万円				単位：円		配当性向
	売上高	営業利益	経常利益	純利益	1株益	1株配	
前々期実績（2023.03）	39,572	4,025	3,532	2,443	331.3	10	3.0%
前期実績（2024.03）	54,146	5,310	4,944	3,447	443.3	100	22.6%

www9945さんのおすすめ14銘柄　〈貧富の拡大〉〈ＩＰ(知的財産)〉〈日本食〉

新NISAで買うべき株

71 ゲオホールディングス

東証プライム 2681

映像レンタル大手も中心はリユース業態に。リユースセクターは総じて株価が安いが、ここもPER10倍前後と安い。洋服(古着)、バッグを中心に、ラグジュアリーブランド品から家具・家電まで幅広く取り扱う。特に都市型はビンテージものを、郊外型は比較的安いリーズナブルな価格の商品を、と戦略も明確なところがいい。

〈目標株価〉2600円 ← 〈現在株価〉1755円

銘柄データ

売買単位	100株
最低投資金額	17万5500円
時価総額	697億円
配当利回り	1.94%
PER	11.61倍
BPS	2194.6円
外国人持ち株比率	13.2%
信用倍率	35.28倍
自己資本比率	37.7%
本決算	3月末

業績データ

	単位：百万円				単位：円		配当性向
	売上高	営業利益	経常利益	純利益	1株益	1株配	
前々期実績(2023.03)	377,300	10,620	11,926	5,681	135.9	24	17.7%
前期実績(2024.03)	433,848	16,814	18,749	10,902	275.3	29	10.5%

新NISAで買うべき株

72 大黒天物産

東証プライム 2791

岡山発祥の食品ディスカウントストア。節約銘柄。直近20%の上方修正済み。最近は近所のスーパーですら高くて買えない層が増加しており、高齢者や主婦層は、少ない現金を効果的に使う努力を惜しまない。通常はディスカウントストアの特売でまとめ買いする生活。インフレによる物価高が、この流れを加速させていくと考える。

〈目標株価〉9500円 ← 〈現在株価〉7830円

銘柄データ

売買単位	100株
最低投資金額	78万3000円
時価総額	1135億円
配当利回り	0.42%
PER	17.62倍
BPS	3818.9円
外国人持ち株比率	14.3%
信用倍率	0.17倍
自己資本比率	50.8%
本決算	5月末

業績データ

	単位：百万円				単位：円		配当性向
	売上高	営業利益	経常利益	純利益	1株益	1株配	
前々期実績(2022.05)	224,150	8,540	8,923	5,617	403.3	29	7.2%
前期実績(2023.05)	242,243	4,497	4,844	3,116	223.7	29	13.0%

www9945

新NISAで買うべき株

73 トライアルホールディングス

東証グロース 141A

2024年3月上場のディスカウントストアで、主に九州を中心に店舗を展開。直近、既存店売上も10%伸び好調。決済機能を取り扱うITデバイスの開発も行っている。上場で調達した資金を新店舗の拡大や設備強化のほか、このITデバイスの開発などに投資する考え。PERは若干割高も、同業の神戸物産との比較ではまだ安い。

〈現在株価〉2361円 → 〈目標株価〉3400円

銘柄データ

売買単位	100株
最低投資金額	23万6100円
時価総額	2888億円
配当利回り	0.64%
PER	21.51倍
BPS	911.3円
外国人持ち株比率	−%
信用倍率	9.96倍
自己資本比率	32.8%
本決算	6月末

業績データ

	単位:百万円				単位:円		配当性向
	売上高	営業利益	経常利益	純利益	1株益	1株配	
前々期実績(＊2022.06)	595,500	12,046	12,687	7,135	73.5	0	0.0%
前期実績(＊2023.06)	653,112	13,964	14,358	8,084	82.9	13	15.7%

新NISAで買うべき株

74 あみやき亭

東証プライム 2753

東海地方を中心に国産牛を扱う「あみやき亭」を展開する焼き肉チェーン。インフレでハンバーガーや牛丼の値段も上昇する中、その値段を払うなら少しいいところに行きたいという需要を、新業態として始めた「感動の肉と米」が取り込むのではないかと予想。会社も重点施策に位置づけていて、今後の拡大に期待が持てる。

〈現在株価〉6140円 → 〈目標株価〉7000円

銘柄データ

売買単位	100株
最低投資金額	61万4000円
時価総額	421億円
配当利回り	1.66%
PER	25.48倍
BPS	3051.1円
外国人持ち株比率	4.0%
信用倍率	150.33倍
自己資本比率	76.7%
本決算	3月末

業績データ

	単位:百万円				単位:円		配当性向
	売上高	営業利益	経常利益	純利益	1株益	1株配	
前々期実績(2023.03)	28,538	422	701	132	19.3	40	207.3%
前期実績(2024.03)	33,267	2,221	2,311	1,307	190.9	90	47.1%

www9945さんのおすすめ14銘柄　〈貧富の拡大〉〈ＩＰ(知的財産)〉〈日本食〉

新NISAで買うべき株
75 JEH（ジャパン・アイウェア・ホールディングス）
東証スタンダード 5889

福井県鯖江市に拠点を持つ高級眼鏡ブランド。特に金子眼鏡は28%の利益率を誇る。職人技が安く買えることと円安も相まって、第4四半期ではインバウンドで6億売り上げた。フレームに職人名が刻まれた超高級品も展開。一度使うとやめられないというリピート率にも注目。売上の月次進捗が出ないのが少し残念だが、それは些細な問題。

〈目標株価〉2800円 ← 〈現在株価〉2020円

銘柄データ

売買単位	100株
最低投資金額	20万2000円
時価総額	484億円
配当利回り	2.18%
PER	18.05倍
BPS	554.2円
外国人持ち株比率	28.5%
信用倍率	ー倍
自己資本比率	38.2%
本決算	1月末

業績データ

	単位：百万円				単位：円		配当性向
	売上高	営業利益	経常利益	純利益	1株益	1株配	
前々期実績(*2023.01)	10,722	2,226	1,305	292	25.5	0	0.0%
前期実績(2024.01)	13,528	3,700	3,295	2,217	110.1	19	17.3%

新NISAで買うべき株
76 パラカ
東証プライム 4809

コインパーキングを運営。伊藤忠商事が大株主となり、今後子会社のファミマに併設されるのではと期待している。これまでは競合のタイムズと違って立地のいいところになかったイメージだが、それを挽回するきっかけになる可能性も。料金値上げも順調で利益率は20%を超えてきた。いつ株価が上昇するか待っている状態。

〈目標株価〉2300円 ← 〈現在株価〉1950円

銘柄データ

売買単位	100株
最低投資金額	19万5000円
時価総額	202億円
配当利回り	3.28%
PER	10.56倍
BPS	1824.8円
外国人持ち株比率	6.6%
信用倍率	ー倍
自己資本比率	45.4%
本決算	9月末

業績データ

	単位：百万円				単位：円		配当性向
	売上高	営業利益	経常利益	純利益	1株益	1株配	
前々期実績(単2022.09)	12,974	2,253	2,039	1,395	139.7	62	44.4%
前期実績(単2023.09)	14,774	2,934	2,712	1,818	181.9	64	35.2%

※「単」は単独決算（以下同）

新NISAで買うべき株

77 ハークスレイ

東証スタンダード 7561

お弁当の「ほっかほっか亭」のフランチャイズ統括会社を傘下に持つ。弁当屋は売上全体の47%を占めるが、業績は横ばい。不動産物件を自社でも保有しつつ、飲食店の店舗リースなども手掛け、そのマッチングを「店舗流通ネット」で展開。月次進捗を公表しており、保有物件が毎月2件ずつ増えるなど、事業の拡大傾向が見て取れる。

〈現在株価〉 780円 → 〈目標株価〉 1300円

銘柄データ

売買単位	100株
最低投資金額	7万8000円
時価総額	149億円
配当利回り	3.33%
PER	8.01倍
BPS	1307.3円
外国人持ち株比率	3.6%
信用倍率	31.98倍
自己資本比率	37.5%
本決算	3月末

業績データ

	単位：百万円				単位：円		配当性向
	売上高	営業利益	経常利益	純利益	1株益	1株配	
前々期実績（2023.03）	35,613	1,460	1,579	1,047	56.9	18	31.6%
前期実績（2024.03）	46,761	2,436	2,588	1,601	86.9	24	27.6%

新NISAで買うべき株

78 TKP（ティーケーピー）

東証グロース 3479

貸会議室の大手。業績はコロナ前の水準には達しておらず、かつ米国子会社の売却が減収要因となり、見た目よくない数字が並ぶ。しかし足元の業績は好調に推移しており、2024年度の予想は66%増益を見込む。さまざまな企業との連携で新規コンセプトも展開して野心的。株価は低迷が続くが、どこかで再評価されるものと期待。

〈現在株価〉 1410円 → 〈目標株価〉 2400円

銘柄データ

売買単位	100株
最低投資金額	14万1000円
時価総額	597億円
配当利回り	−%
PER	11.57倍
BPS	951.3円
外国人持ち株比率	9.0%
信用倍率	15.27倍
自己資本比率	50.2%
本決算	2月末

業績データ

	単位：百万円				単位：円		配当性向
	売上高	営業利益	経常利益	純利益	1株益	1株配	
前々期実績（2023.02）	50,504	3,575	3,062	-4,936	-118.3	0	0.0%
前期実績（2024.02）	36,545	4,607	4,517	6,975	166.8	0	0.0%

www9945さんの
おすすめ14銘柄

〈貧富の拡大〉〈ＩＰ（知的財産）〉〈日本食〉

新NISAで買うべき株

79 アコム

東証スタンダード 8572

消費者ローン大手。毎年第３四半期まで貸倒積立金を大量に積むため利益の見栄えがよくなく、第４四半期で清算するも翌期また大量に積むので、いつまでも会社計画が保守的で株価が上がりづらい特徴の会社。なので配当利回り３％と高め。株価の爆発力はないが業績は順調で、アジア展開強化中のＭＵＦＧの子会社なのも安心材料。

〈現在株価〉395円 → 〈目標株価〉500円

銘柄データ

売買単位	100株
最低投資金額	3万9500円
時価総額	6188億円
配当利回り	3.54%
PER	11.13倍
BPS	400.9円
外国人持ち株比率	3.6%
信用倍率	47.71倍
自己資本比率	44.3%
本決算	3月末

業績データ

	単位：百万円				単位：円		配当性向
	売上高	営業利益	経常利益	純利益	1株益	1株配	
前々期実績(2023.03)	273,793	87,287	87,485	54,926	35.1	10	28.5%
前期実績(2024.03)	294,730	86,347	86,715	53,091	33.9	12	35.4%

新NISAで買うべき株

80 マミーマート

東証スタンダード 9823

ネタの新鮮さに加え、料理好きがまた来たくなる種類の豊富さがウリの新業態、食の専門店「生鮮市場ＴＯＰ」で確変。パンや餃子などを特売の目玉とし、集客アップにつなげた。偶数月１回の年金支給日には特売品目当てに朝から行列も。２０２４年５月に通期経常利益を56億円から65億円に大幅上方修正もあり、ＰＥＲ12倍台は依然割安。

〈現在株価〉5580円 → 〈目標株価〉6500円

銘柄データ

売買単位	100株
最低投資金額	55万8000円
時価総額	602億円
配当利回り	1.56%
PER	12.83倍
BPS	3654.4円
外国人持ち株比率	0.1%
信用倍率	ー倍
自己資本比率	51.2%
本決算	9月末

業績データ

	単位：百万円				単位：円		配当性向
	売上高	営業利益	経常利益	純利益	1株益	1株配	
前々期実績(2022.09)	133,002	4,962	5,427	3,422	321.7	65	20.2%
前期実績(2023.09)	145,041	5,898	6,387	4,313	411.6	83	20.2%

www9945

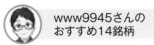

新NISAで買うべき株

81 東宝

東証プライム 9602

邦画配給会社。保有のTOHOシネマズ新宿は都内最大級の映画館。ビル8階には名物の巨大なゴジラヘッドがある。当たり外れの多い映画産業の中、売上の3割が不動産業なのは業績の安定面でも魅力的。ただ株価は右肩上がりを続けていて買いどころが難しい。相場の暴落を待つか、欲しいと思ったときに買うのがいい銘柄。

〈目標株価〉6000円 ← 〈現在株価〉4850円

銘柄データ

売買単位	100株
最低投資金額	48万5000円
時価総額	9045億円
配当利回り	1.44%
PER	21.64倍
BPS	2637.3円
外国人持ち株比率	15.5%
信用倍率	7.57倍
自己資本比率	74.5%
本決算	2月末

業績データ

	単位：百万円				単位：円		配当性向
	売上高	営業利益	経常利益	純利益	1株益	1株配	
前々期実績(2023.02)	244,295	44,880	47,815	33,430	190.4	60	31.5%
前期実績(2024.02)	283,347	59,251	63,024	45,283	259.5	85	32.8%

新NISAで買うべき株

82 ソニーグループ

東証プライム 6758

売上の6割がエンターテインメント事業。パナソニックや東芝、シャープといった家電企業とは別の戦略を選択し、事業転換。ゲーム機などの売上は横ばいが続く。新規IPの取得にも積極的で、今後事業が飛躍的に拡大する可能性も感じる。株価は2024年1月に1万5000円近くあったので、まずはそこを目指す。

〈目標株価〉1万4500円 ← 〈現在株価〉1万2650円

銘柄データ

売買単位	100株
最低投資金額	126万5000円
時価総額	15兆7950億円
配当利回り	0.79%
PER	16.70倍
BPS	6211.6円
外国人持ち株比率	57.5%
信用倍率	10.45倍
自己資本比率	22.2%
本決算	3月末

業績データ

	単位：百万円				単位：円		配当性向
	売上高	営業利益	経常利益	純利益	1株益	1株配	
前々期実績(2023.03)	10,974,373	1,302,389	1,274,496	1,005,277	813.5	75	9.2%
前期実績(2024.03)	13,020,768	1,208,831	1,268,662	970,573	788.3	85	10.8%

www9945さんの
おすすめ14銘柄

〈貧富の拡大〉〈IP(知的財産)〉〈日本食〉

新NISAで買うべき株

83

西本Wismettacホールディングス

東証プライム 9260

銘柄データ

売買単位	100株
最低投資金額	41万9500円
時価総額	602億円
配当利回り	4.05%
PER	7.49倍
BPS	5883.1円
外国人持ち株比率	9.1%
信用倍率	19.24倍
自己資本比率	37.6%
本決算	12月末

キッコーマン、宝HDと並び、海外への日本食材卸3大企業の一角で第2位。この業界は中小企業が多く存在するが、実質この3社で寡占状態と言われている。海外で年々厳格化する食品規制が参入障壁の高い一因。欧州や米国に日本食を卸す同社のアジア食グローバル事業が利益13%増と絶好調。業界自体も過去5年で約2倍と成長中。

〈目標株価〉1万円 ← 〈現在株価〉4195円

業績データ

	単位：百万円				単位：円		配当性向
	売上高	営業利益	経常利益	純利益	1株益	1株配	
前々期実績(2022.12)	275,209	10,498	10,787	6,819	475.2	145	30.5%
前期実績(2023.12)	300,847	11,020	12,456	6,268	436.8	160	36.6%

新NISAで買うべき株

84

紀文食品

東証プライム 2933

銘柄データ

売買単位	100株
最低投資金額	11万8800円
時価総額	271億円
配当利回り	1.68%
PER	9.50倍
BPS	821.2円
外国人持ち株比率	1.0%
信用倍率	7.78倍
自己資本比率	26.4%
本決算	3月末

かまぼこやちくわ、総菜などの製造販売。練り物は腹持ちするわりに低カロリーでヘルシーなので海外で受けるのではないかと想像しているが、現在の海外売上比率は12%程度とまだ低い。今後、大株主となっているキッコーマンの販路で輸出拡大に期待。原材料高で2023年に下方修正したが、値上げさえできれば妙味がありそう。

〈目標株価〉1350円 ← 〈現在株価〉1188円

業績データ

	単位：百万円				単位：円		配当性向
	売上高	営業利益	経常利益	純利益	1株益	1株配	
前々期実績(2023.03)	105,691	2,022	1,760	442	19.4	16	82.5%
前期実績(2024.03)	106,684	4,641	4,404	2,836	124.2	17	13.7%

www9945

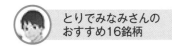

新NISAで買うべき株

85 ips（アイ・ピー・エス）

東証プライム 4390

フィリピンでは光回線の提供・敷設などの通信事業やメディカル&ヘルスケア事業、日本では通信サービスを展開。光回線は米国が中国との対立で直接海底ケーブルをつながず、台湾・フィリピン経由とするなどが追い風か。直近、柱のレーシック事業が足を引っ張るも、通信回線使用料がこれから収益化のフェーズとなることに期待。

〈現在株価〉2361円 → 〈目標株価〉3200円

銘柄データ

売買単位	100株
最低投資金額	23万6100円
時価総額	304億円
配当利回り	1.69%
PER	11.91倍
BPS	878.3円
外国人持ち株比率	1.4%
信用倍率	81.67倍
自己資本比率	33.7%
本決算	3月末

業績データ

	単位：百万円				単位：円		配当性向
	売上高	営業利益	経常利益	純利益	1株益	1株配	
前々期実績（2023.03）	12,346	3,311	3,464	2,292	184.5	35	19.0%
前期実績（2024.03）	14,117	3,894	4,427	2,835	225.1	37	16.4%

新NISAで買うべき株

86 ボードルア

東証グロース 4413

ITインフラストラクチャ分野に特化した独立系。特にネットワーク仮想化に強みがある。これまでハードウエアを敷設して構築していたものを仮想化することで、設置から監視までを効率化できる。専門知識と技術が必要なうえ、技術領域が独立しているので、IT業者からもこの分野だけの受注ができる。保守による継続収益化も利点。

〈現在株価〉3190円 → 〈目標株価〉4100円

銘柄データ

売買単位	100株
最低投資金額	31万9000円
時価総額	507億円
配当利回り	−%
PER	32.45倍
BPS	267.3円
外国人持ち株比率	5.5%
信用倍率	−倍
自己資本比率	66.9%
本決算	2月末

業績データ

	単位：百万円				単位：円		配当性向
	売上高	営業利益	経常利益	純利益	1株益	1株配	
前々期実績（2023.02）	5,244	975	1,033	793	50.6	0	0.0%
前期実績（2024.02）	7,330	1,567	1,558	1,171	74.1	0	0.0%

とりでみなみさんのおすすめ16銘柄　〈通信〉〈日本食〉〈九州〉〈産廃〉〈eスポーツ〉

新NISAで買うべき株 87

NTT（日本電信電話）

東証プライム 9432

NTTグループ持株会社で傘下にNTTドコモなど。固定電話を独占し光回線も高いシェアを誇ることは、電気やガスなどを押さえているのに近いと考える。技術力も高く2024年4月に改正NTT法が成立し、研究成果を使って国際競争に打って出る準備も整った。今後も食いっぱぐれることがなく、子息がいたら就職させたい企業。

〈目標株価〉190円 ← 〈現在株価〉152.6円

銘柄データ

売買単位	100株
最低投資金額	1万5260円
時価総額	13兆8180億円
配当利回り	3.41%
PER	11.67倍
BPS	117.1円
外国人持ち株比率	20.4%
信用倍率	57.07倍
自己資本比率	33.3%
本決算	3月末

業績データ

	単位：百万円				単位：円		配当性向
	売上高	営業利益	経常利益	純利益	1株益	1株配	
前々期実績(2023.03)	13,136,194	1,828,986	1,817,679	1,213,116	13.9	4.8	34.5%
前期実績(2024.03)	13,374,569	1,922,910	1,980,457	1,279,521	15.1	5.1	33.8%

新NISAで買うべき株 88

沖縄セルラー電話

東証スタンダード 9436

KDDI傘下で沖縄県では携帯シェア5割。なぜauと統合しないかというと、沖縄は一度スタンダードになるとほかのモノには移らないという独特の文化があるからと想像。コンビニも後発でセブン-イレブンが進出するも苦戦。合計特殊出生率が1・80と全国トップの沖縄で、今後も安定的に収益を伸ばすと見込んでの長期保有。

〈目標株価〉3800円 ← 〈現在株価〉3585円

銘柄データ

売買単位	100株
最低投資金額	35万8500円
時価総額	1765億円
配当利回り	3.35%
PER	14.13倍
BPS	1969.1円
外国人持ち株比率	14.4%
信用倍率	7.03倍
自己資本比率	82.3%
本決算	3月末

業績データ

	単位：百万円				単位：円		配当性向
	売上高	営業利益	経常利益	純利益	1株益	1株配	
前々期実績(2023.03)	77,299	15,932	16,130	10,852	204.6	88	43.0%
前期実績(2024.03)	77,990	17,014	17,188	12,129	244.9	110	44.9%

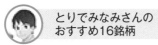

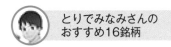

新NISAで買うべき株

89 寿スピリッツ

東証プライム 2222

地域のお土産用菓子の製販会社。「ルタオ」「フランセ」などを保有。世の中では、商品を小さくしたり、数を減らしたりといったステルス値上げや値引き合戦が繰り広げられる中、お土産用菓子はどこへ行っても定価販売。その強みから利益率が高いビジネスモデル。今後、インバウンド需要なども取り込んで手堅い成長を見込む。

〈目標株価〉 2400円 ← 〈現在株価〉 1769円

銘柄データ

売買単位	100株
最低投資金額	17万6900円
時価総額	2753億円
配当利回り	1.58%
PER	23.33倍
BPS	226.4円
外国人持ち株比率	17.0%
信用倍率	13.12倍
自己資本比率	75.7%
本決算	3月末

業績データ

	単位：百万円				単位：円		配当性向
	売上高	営業利益	経常利益	純利益	1株益	1株配	
前々期実績（2023.03）	50,155	9,951	10,295	7,018	45.1	14	31.0%
前期実績（2024.03）	64,035	15,780	15,867	10,831	69.6	28	40.2%

新NISAで買うべき株

90 キッコーマン

東証プライム 2801

しょうゆ最大手でシェア約3割。海外への日本食材卸3大企業の一角で首位であり、海外売上比率は75%に達する。クオリティ・オブ・ライフや健康ブームの波に乗り日本食が世界で注目される中、しょうゆやみりん、つゆやポン酢などの中心的な調味料を一手に取り扱える同社の強みは今後も続くと思われる。目下、11期連続最高益を更新中。

〈目標株価〉 2200円 ← 〈現在株価〉 1824.5円

銘柄データ

売買単位	100株
最低投資金額	18万2450円
時価総額	1兆7687億円
配当利回り	1.15%
PER	30.14倍
BPS	516.4円
外国人持ち株比率	19.7%
信用倍率	3.65倍
自己資本比率	73.6%
本決算	3月末

業績データ

	単位：百万円				単位：円		配当性向
	売上高	営業利益	経常利益	純利益	1株益	1株配	
前々期実績（2023.03）	618,899	55,370	60,797	43,733	45.7	15.6	34.1%
前期実績（2024.03）	660,835	66,733	75,605	56,441	59.2	20.8	35.1%

とりでみなみさんのおすすめ16銘柄 〈通信〉〈日本食〉〈九州〉〈産廃〉〈eスポーツ〉

新NISAで買うべき株 91 味の素

東証プライム 2802

味の素（グルタミン酸ナトリウム）からスタートし、現在では「アミノサイエンス」というキーワードで食の分野に留まらずバイオ医薬品などの事業も展開。高性能半導体の絶縁材に使われる層間絶縁材では、世界シェアのほぼ100%を占める。自社の強みをうまく事業展開できており、今後も安定的な成長が見込めると期待。

〈現在株価〉5930円 → 〈目標株価〉6500円

銘柄データ

売買単位	100株
最低投資金額	59万3000円
時価総額	3兆921億円
配当利回り	1.35%
PER	32.00倍
BPS	1589.4円
外国人持ち株比率	30.6%
信用倍率	2.07倍
自己資本比率	45.9%
本決算	3月末

業績データ

	単位：百万円				単位：円		配当性向
	売上高	営業利益	経常利益	純利益	1株益	1株配	
前々期実績(2023.03)	1,359,115	148,928	140,033	94,065	176.0	68	38.6%
前期実績(2024.03)	1,439,231	146,682	142,043	87,121	167.4	74	44.2%

新NISAで買うべき株 92 九州リースサービス

東証スタンダード 8596

九州でトップのリース会社。半導体工場新設に伴う好景気に沸く熊本。工場建設はもちろんのこと、交通インフラ整備から雇用創出に伴う住宅建設に至るまで、新しい設備の購入などが発生する際に必要となるのがリース契約。工場建設には数年かかり、かつ新規計画はまだまだあることから活況はしばらく続くと予想。

〈現在株価〉1125円 → 〈目標株価〉1600円

銘柄データ

売買単位	100株
最低投資金額	11万2500円
時価総額	292億円
配当利回り	3.02%
PER	7.93倍
BPS	1763.6円
外国人持ち株比率	2.5%
信用倍率	47.18倍
自己資本比率	20.6%
本決算	3月末

業績データ

	単位：百万円				単位：円		配当性向
	売上高	営業利益	経常利益	純利益	1株益	1株配	
前々期実績(2023.03)	36,807	5,477	5,422	5,862	257.9	25.5	9.9%
前期実績(2024.03)	33,508	4,635	4,593	3,048	134.1	30	22.4%

とりでみなみ

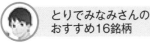

新NISAで買うべき株

93 九州フィナンシャルグループ

東証プライム 7180

肥後銀行と鹿児島銀行が経営統合して誕生した、本社を熊本に置く地銀。半導体工場新設に伴う好景気に沸く熊本をお膝元に抱える同社が恩恵を受けないはずがない。半導体関連企業はもちろんのこと、大量の雇用が生まれる周辺には、飲食店開店など融資を必要とする事業が多く立ち上がると予想され、長期で安定した収益が見込める。

〈現在株価〉953.6円 → 〈目標株価〉1200円

銘柄データ

売買単位	100株
最低投資金額	9万5360円
時価総額	4419億円
配当利回り	1.89%
PER	16.18倍
BPS	1657.2円
外国人持ち株比率	10.9%
信用倍率	13.17倍
自己資本比率	5.3%
本決算	3月末

業績データ

	単位：百万円				単位：円		配当性向
	売上高	営業利益	経常利益	純利益	1株益	1株配	
前々期実績（2023.03）	214,368	―	35,597	24,668	57.0	12	21.1%
前期実績（2024.03）	222,551	―	38,438	26,394	61.0	18	29.5%

新NISAで買うべき株

94 九州電力

東証プライム 9508

九州エリアを商圏に持つ電力会社で九州政財界を牽引する存在。半導体工場建設に熊本が選ばれた理由の1つに電気料金が安いことがあったと言われる。工場は年間の電気料金が数十億円、数百億円に上る場合もある。広大な工場新設となれば、実需はもちろん、値上げの際のインパクトも大きくなり、長期的な期待が膨らむ。

〈現在株価〉1760円 → 〈目標株価〉2000円

銘柄データ

売買単位	100株
最低投資金額	17万6000円
時価総額	8346億円
配当利回り	2.84%
PER	10.40倍
BPS	1452.1円
外国人持ち株比率	15.7%
信用倍率	6.99倍
自己資本比率	15.5%
本決算	3月末

業績データ

	単位：百万円				単位：円		配当性向
	売上高	営業利益	経常利益	純利益	1株益	1株配	
前々期実績（2023.03）	2,221,300	-72,998	-86,634	-56,429	-123.8	0	0.0%
前期実績（2024.03）	2,139,447	254,919	238,161	166,444	342.3	25	7.3%

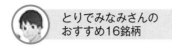

とりでみなみさんのおすすめ16銘柄　〈通信〉〈日本食〉〈九州〉〈産廃〉〈eスポーツ〉

新NISAで買うべき株 95 TREホールディングス

東証プライム 9247

廃棄物の再資源化から処分までを一貫して行えることに強みを持つ。有価証券報告書に載る三本会長の住所は石川県輪島市。輪島の廃棄物処理施設認可を得る際、地元住民の理解を得るために現地に根差して取り組んだことの表れではないか。そして輪島に最終処分場を整備中の最中の震災。同社を通じて石川の復興も応援したい。

〈現在株価〉1179円 → 〈目標株価〉1500円

銘柄データ

売買単位	100株
最低投資金額	11万7900円
時価総額	620億円
配当利回り	3.39%
PER	11.88倍
BPS	1307.0円
外国人持ち株比率	17.8%
信用倍率	50.50倍
自己資本比率	47.2%
本決算	3月末

業績データ

	単位：百万円				単位：円		配当性向
	売上高	営業利益	経常利益	純利益	1株益	1株配	
前々期実績(2023.03)	90,712	7,509	7,600	5,197	101.2	40	39.5%
前期実績(2024.03)	92,860	7,769	7,787	3,623	70.5	40	56.7%

新NISAで買うべき株 96 タクマ

東証プライム 6013

ボイラーなど、ごみ処理・水処理・エネルギーのプラントエンジニアリングを展開。リサイクルセンターも2030年には2024年3月期の110億円の倍近い経常利益200億円を目指す長期ビジョンを発表。配当性向もこれまでの40%前後から50%、またはDOE4・0%のどちらか高いほうを目標として設定するとし、増配の公算大。

〈現在株価〉1644円 → 〈目標株価〉2000円

銘柄データ

売買単位	100株
最低投資金額	16万4400円
時価総額	1365億円
配当利回り	3.41%
PER	14.95倍
BPS	1378.9円
外国人持ち株比率	34.1%
信用倍率	5.96倍
自己資本比率	57.7%
本決算	3月末

業績データ

	単位：百万円				単位：円		配当性向
	売上高	営業利益	経常利益	純利益	1株益	1株配	
前々期実績(2023.03)	142,651	13,813	14,684	9,621	120.2	43	35.8%
前期実績(2024.03)	149,166	10,229	11,166	8,754	109.4	48	43.9%

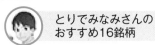

新NISAで買うべき株

97 ミダックホールディングス

東証プライム 6564

焼却から最終処分まで自社で一括して行える東海地方の産業廃棄物処理業者。環境省の推計では、山梨県を含む首都圏の処分場は2020年代後半にも満杯になると見込まれる。当然リサイクルも急務だが、周辺地域へ輸送しての処分が必要になったとき、隣の東海地方に処分場を持つ同社の強みが発揮されるのではないかと見込んでいる。

〈現在株価〉1417円 → 〈目標株価〉2000円

銘柄データ

売買単位	100株
最低投資金額	14万1700円
時価総額	394億円
配当利回り	0.71%
PER	15.78倍
BPS	461.3円
外国人持ち株比率	9.2%
信用倍率	4731.00倍
自己資本比率	47.4%
本決算	3月末

業績データ

	単位：百万円				単位：円		配当性向
	売上高	営業利益	経常利益	純利益	1株益	1株配	
前々期実績(2023.03)	7,771	2,755	2,692	1,685	61.1	5	8.2%
前期実績(2024.03)	9,547	3,538	3,377	1,907	69.0	8	11.6%

新NISAで買うべき株

98 MCJ

東証スタンダード 6670

「マウス」ブランドでパソコンを国内製造販売。乃木坂46を起用したCMで認知度向上。「iiyama」ブランドのモニタ製造会社も傘下。eスポーツに欠かせないゲーミングPCとして既存の「G-Tune」に加えラインナップに「NEXTGEAR」を新規追加。高採算の同分野に力を入れる方向性を明確にしている。

〈現在株価〉1359円 → 〈目標株価〉1500円

銘柄データ

売買単位	100株
最低投資金額	13万5900円
時価総額	1383億円
配当利回り	2.94%
PER	10.51倍
BPS	805.8円
外国人持ち株比率	24.8%
信用倍率	36.85倍
自己資本比率	65.6%
本決算	3月末

業績データ

	単位：百万円				単位：円		配当性向
	売上高	営業利益	経常利益	純利益	1株益	1株配	
前々期実績(2023.03)	191,076	14,318	13,935	9,603	97.8	33	33.7%
前期実績(2024.03)	187,455	17,192	17,087	12,199	124.2	57	45.9%

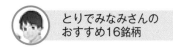

とりでみなみさんのおすすめ16銘柄

〈通信〉〈日本食〉〈九州〉〈産廃〉〈eスポーツ〉

新NISAで買うべき株

99

ブロードメディア

東証スタンダード 4347

動画配信サービスや電子コミック、エンタメ情報サイトのほか、ルネサンス高校を運営。eラーニングで学べる広域通信制・単位制高校で3校12拠点のキャンパスを展開。eスポーツコースのほか、芸能・美容・留学・受験などに特化したコースも。eスポーツ用PCは個人で機材を買うと高額だがキャンパスへ登校すれば使用可能だ。

〈現在株価〉1589円 → 〈目標株価〉2000円

銘柄データ

売買単位	100株
最低投資金額	15万8900円
時価総額	126億円
配当利回り	2.52%
PER	14.45倍
BPS	656.3円
外国人持ち株比率	13.4%
信用倍率	4.81倍
自己資本比率	40.2%
本決算	3月末

業績データ

	単位：百万円				単位：円		配当性向
	売上高	営業利益	経常利益	純利益	1株益	1株配	
前々期実績（2023.03）	13,023	1,036	1,079	1,110	150.7	30	19.9%
前期実績（2024.03）	14,179	869	910	680	93.5	33	35.3%

新NISAで買うべき株

100

GLOE

東証グロース 9565

eスポーツイベントの企画・運営会社。2022年に「ウェルプレイド・ライゼスト」の名で上場後、2024年2月に社名変更。eスポーツイベント運営会社としては唯一の上場企業であり、今後市場拡大が見込まれる業界の中でどれだけ収益性を高め独自性を発揮できるか、未知数ではあるが、長期的な視点で期待してみるのもありか。

〈現在株価〉1811円 → 〈目標株価〉2500円

銘柄データ

売買単位	100株
最低投資金額	18万1100円
時価総額	50億円
配当利回り	－%
PER	52.06倍
BPS	169.7円
外国人持ち株比率	1.2%
信用倍率	－倍
自己資本比率	44.00%
本決算	10月末

業績データ

	単位：百万円				単位：円		配当性向
	売上高	営業利益	経常利益	純利益	1株益	1株配	
前々期実績（＊単2022.10）	2,050	211	227	144	57.9	0	0.0%
前期実績（2023.10）	2,264	14	1	-5	-2.1	0	0.0%

とりでみなみ

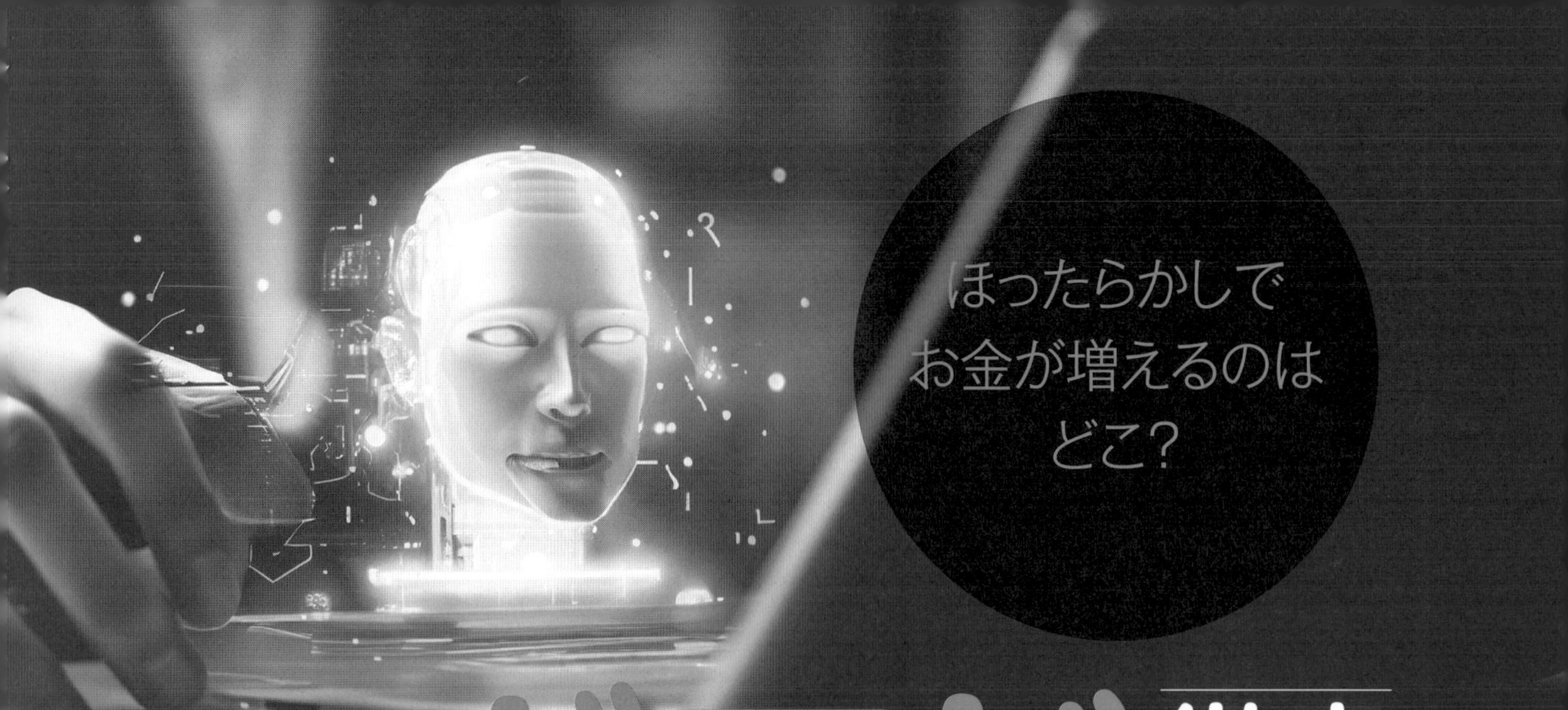

ほったらかしでお金が増えるのはどこ？

ロボアド徹底比較

自分にとって最適な資産配分の運用についてアドバイスしてくれたり、実際の運用もお任せできたりするロボットアドバイザーの利用者数が拡大中！現在、多数のサービスが提供されているが、最も有利なのはどれなのか？

ビギナーでも手間なく本格的な運用が可能！

ロボアドバイザー（ロボアド）とは、ＡＩ（人工知能）を活用して金融商品を提案してくれるサービスのこと。自分自身で投資先や資産配分を決めるのが難しかったり、それらが面倒だったりする人にピッタリなツールだ。ロボアドには、「アドバイス型」と「投資一任型」がある。

アドバイス型では、簡単な質問に回答するだけで、自分のニーズやリスク許容度に合ったポートフォリオ（投資対象の組み合わせ）を提案してもらえる。投資一任型は、最適なポートフォリオが診断される点はアドバイス型と共通しているが、実際の運用まで代行してもらえるのが特徴で、自分自身で必要なのは投資額を入金することだけだ。

アドバイス型も提案してもらったポートフォリオの内容に納得すれば、その後は定期的な積立（指定した預貯金口座からの自動引き落とし）などで資金を投じていくだけ。まさしくほったらかしで、自動的に投資が行われていくのだ。

しかも、ロボアドなら「リバランス」という面倒な作業もお任せで済む。運用が進められていくと、損益の状況に応じて個々の資産（投資先）の価値が増減し、最初に設定した最適な配分比率とは狂いが生じてくる。リバランスとは、最適な配分に戻るように比率が増えすぎた資産を余剰分だけ売り、逆に減っている資産を買い増しして調整する作業だ。

こうして自分の手をほとんど煩わせず、自動的に運用が進められていくので、ビギナーで専門知識がゼロでも、いきなり本格的な投資を実践できるというのがロボアドの最大のメリットだ。特に投資一任型は、自分自身で判断すべきことはほぼ皆無。同じく運用を一任する類似のサービスに「ファンドラップ」と呼ばれるものがあるが、手数料設定がロボアドの投資一任型よりも高い。ちなみにファンドラップとは、利用者のニーズやリスク許容度などに応じて複数の投資信託（ファンド）を組み合わせて運用してくれるサービスだ。

国内における同サービスでトップシェアを誇るウェルスナビが20～50代の投資初心者約４０００名を対象に実施したアンケート調査でも、ロボアドに対する関心の高さが明らかになっている。なお、回答者の72・6%は投資初心者で、27・4%は投資未経験者だった。まず、「ロボアドを利用することに興味があるか？」との質問に対し、「非常に興味がある」と「やや興味がある」を合わせると、全体の35%超が興味を持っているという結果になった。

続いて、ロボアドに興味があると回答した人からその理由を聞いたところ、「自分が行うよりも運用実績が良くなりそうだから」との回答が最多で、46・6%に上った。また、「運用にかかる時間や労力を抑えられそうだから」「専門的なノウハウがあり信頼できそうだから」と答えた人も多かった。投資とは無縁だった人の多くも、専門知識がなくても手間なく本格的な運用ができるロボアドのメリットを認識しているようだ。

ロボアドバイザーを利用することに興味はありますか？
（回答数=4120）

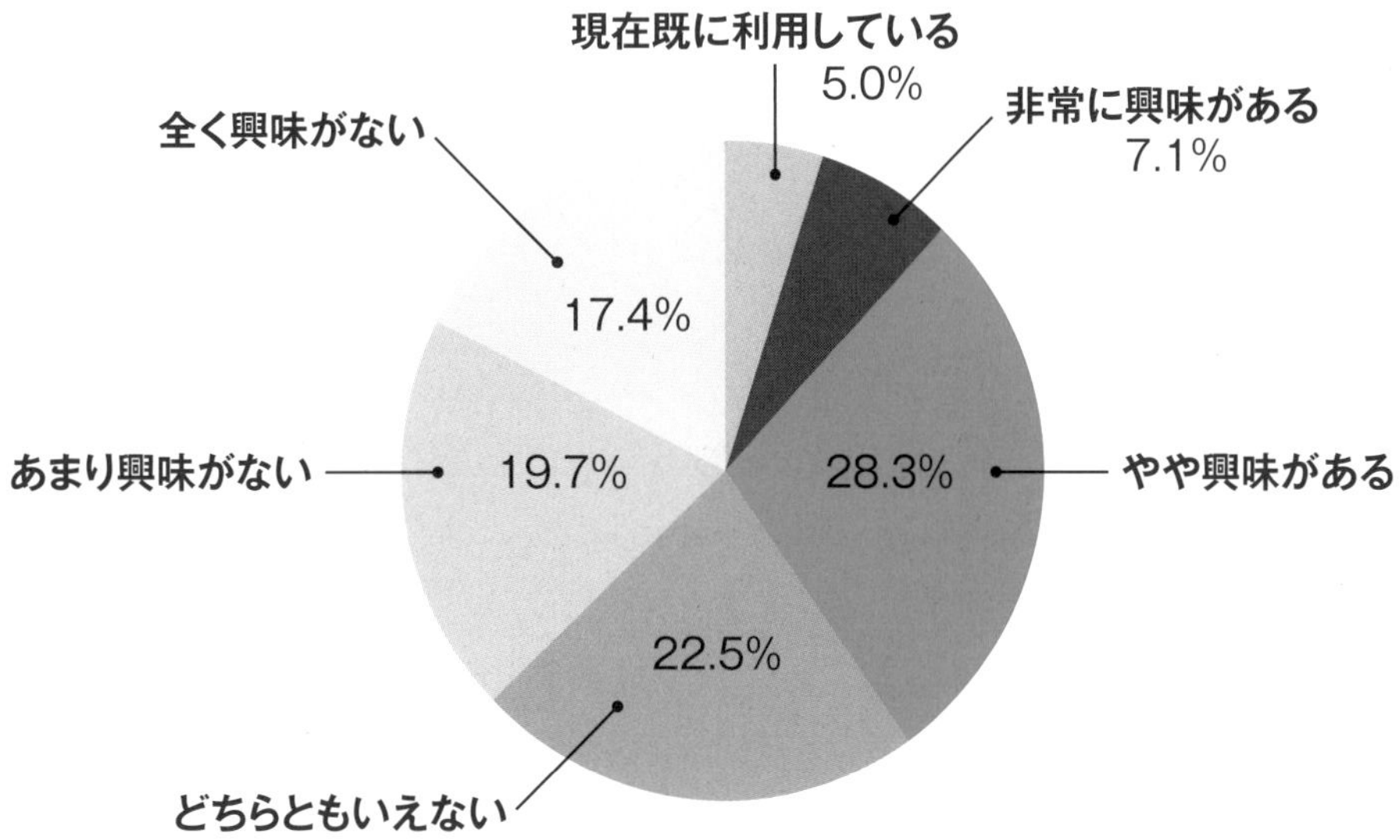

ロボアドバイザーを利用することに興味がある理由は？
（複数回答、回答数=1459）

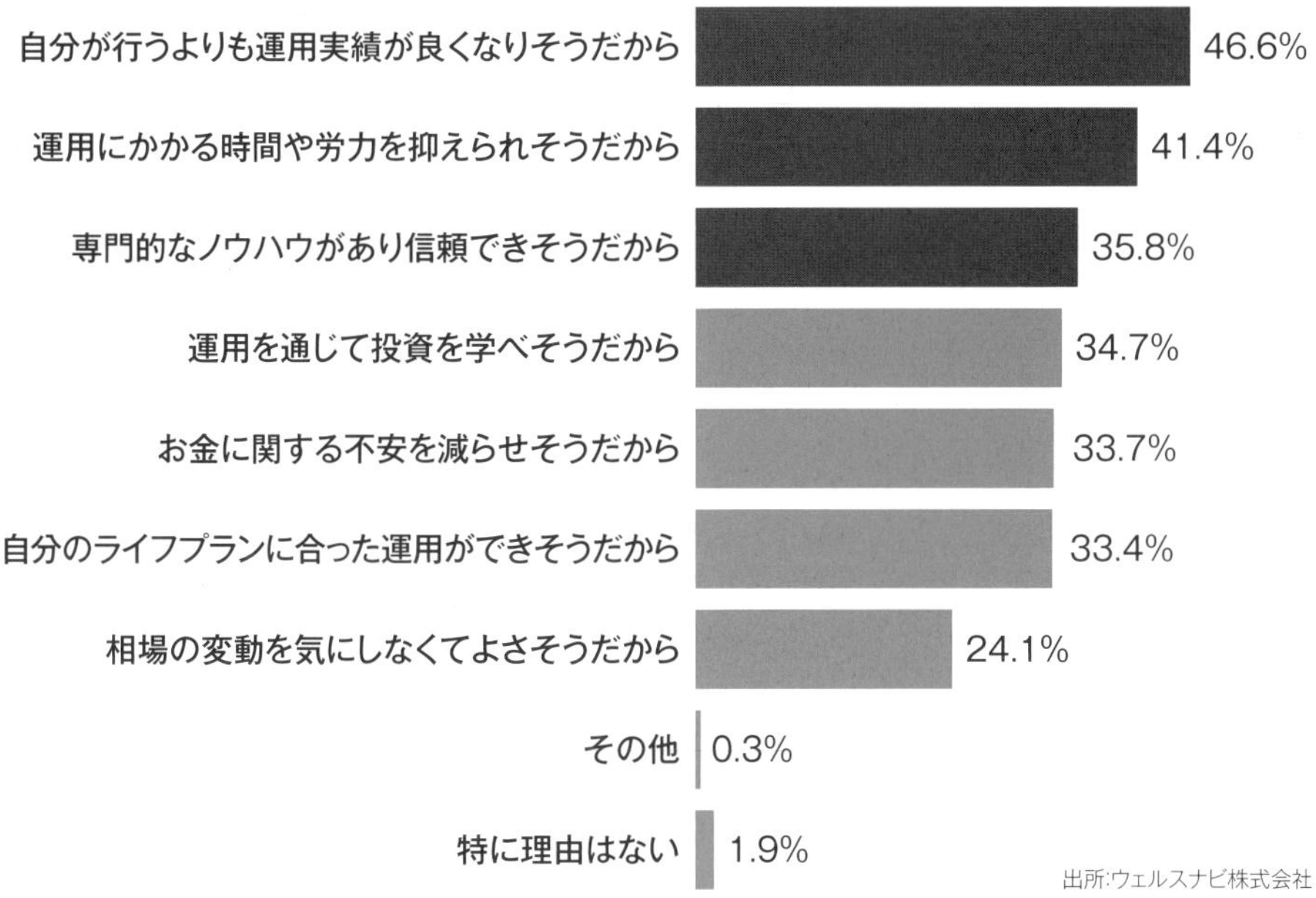

出所：ウェルスナビ株式会社

日本では2016年に最初のロボアドが登場

ロボアドの先進国は米国で、2007～2008年に創業したベターメントやウェルスフロントがパイオニア的存在に位置づけられている。両社は現在も米国民から高く支持されており、チャールズシュワブやバンガードといった大手金融機関のロボアドサービスと競い合っている。

日本における元祖は、お金のデザインという会社が2016年2月から提供を開始したTHEO（テオ）。同年7月には、先述したウェルスナビがサービスを正式にリリースした。さらにその翌年には追随して類似のサービスを立ち上げる会社が続出。

ROBOPRO	ON COMPASS	SUSTEN	WealthWing	SMBC ロボアドバイザー	マネックス アドバイザー	投信工房（ロボアドバイザー）
自動運用型	自動運用型	自動運用型	自動運用型	自動運用型	アドバイス型	アドバイス型
1段階	8段階	5段階	8段階	5段階	3段階	5段階
自動で決定	自動で決定	自分で選択可	自動で決定	自動で決定	自分で選択可	自分で選択可
1.10%（3,000万円を超える部分は0.55%）	投資一任報酬 0.66%	信託報酬のみ（成果報酬型も選択可）	0.99% ※別途売却手数料は売却額1%、情報利用料330円/月がかかります	信託報酬のみ	サービス利用料 0.330%	信託報酬のみ
非公開	0.22%	0.022~0.297%程度	非公開	1.007%	0.166%程度 ※最も標準的なポートフォリオの信託報酬	0.16%
毎月	原則3カ月に1度	毎日	適宜	-	適宜	年4回（指定日）
10万円	1,000円	1円	15万円	1万円	5万円	100円
月1万円	月1,000円	月1万円	月1万円	月1,000円	月1万円	月100円
米国上場ETF（先進/新興国株、債券、不動産、金など）	国内外の株式、債券、REIT	ETF、先物（株式、債券、通貨、コモディティ、VIX）	日本株	株式、債券、REIT	国内ETF、株式、為替ヘッジ型債券、REIT	株、債券、コモディティ、REIT
×	○	○	×	○	×	○
×	×	○	×	×	×	×
FOLIO	マネックス・アセットマネジメント	sustenキャピタル・マネジメント	スマートプラス	三井住友銀行	マネックス証券	松井証券

※フィデリティ証券は楽天証券に個人向け事業を譲渡したので割愛しています

こうしたことから、2016年が日本におけるロボアド元年とも呼ばれるようになった。

上記の一覧表は、主要なロボアドのサービスをカカクコムが調査・比較したものだ。投資一任型（自動運用型）が11種、アドバイス型が2種という内訳になっている。それぞれで、手数料率や最低投資金額、最低積立金額が異なっている。ただ、最もハードルが高いサービスでも最低投資金額は15万円で、比較的少額から利用できると言えよう。

世界分散が主流だが、日本株特化型もある

また、投資対象にも違いが見られる。幅広く分散投資を行うタイプが主流だが、ウェルスウイングのように日本株に特化したものもある。さらに、NISA（少額投資非課税制度）に対応しているものと、対応していないものが混在していることも見逃せないポイントだ。対応していれば、NISAの非課税枠内の投資で得られた利益が非課税となる。

主要ロボアド一覧（カカクコム調べ）

サービス名	WealthNavi	楽ラップ	SBIラップ	THEO+ docomo	らくらく投資	ダイワファンドラップ オンライン
分類	自動運用型	自動運用型	自動運用型	自動運用型	自動運用型	自動運用型
運用コース リスク許容度	5段階	9段階	2段階	-	5段階	7段階
コース選択方法	自分で選択可	自動で決定	自分で選択可	自分で選択可	自動で決定	自分で選択可
手数料	1.1%（3,000万円を超える部分は0.55%）	固定報酬型 最大0.715%	AI投資コース 0.660%	1.10%	-	1.1%
信託報酬	ETF保有コスト 0.08%～0.13%程度	0.2702%程度	AI投資コース 0.1606%	なし（手数料に含まれる）	管理費用 0.4915%程度（含む信託報酬）※ファンドによって異なります	概算0.11～0.34%
リバランス	適宜	原則四半期に1度	適宜	毎月	-	適宜
最低投資金額	1万円	1万円	1万円	1万円	100円	1万円
最低積立金額	月1万円	月1万円	月1,000円	月1万円	月100円	月1万円
投資対象	ETF（株、債券、金、不動産）	国内外の株式、債券、REIT	ファンド（株、債券、不動産、金）	ETF（株、債券、不動産、金、銀など）	投資信託	ファンド（国内外の株式や債券など）
NISA対応	○	×	×	×	○	×
税負担 自動最適化	○	×	×	○	×	○
運営会社	ウェルスナビ	楽天証券	SBI証券	NTTドコモ	楽天証券	大和証券

出所:https://kakaku.com/robot-advisor/

では、各々のサービスでこれまでのパフォーマンスにはどのような違いが見られるのだろうか？　EX－DEAでウェブディレクターを務める小関拓弥氏が2024年3月時点までの実績で調査したところ、直近6カ月間では大きな違いが生じていなかったという。

だが、もっと過去まで遡っていくと違いが目立つようになる。94ページのグラフは、2020年から運用しているサービス（2016年から運用しているウェルスナビ、テオ＋ドコモ、楽ラップ、オン・コンパスも含む）を比較するために小関氏が作成したものだ。

トップだったのはウェルスウイングで、日本株に的を絞っていることが奏功したようだ。周知の通り、ここ数年の日本株のパフォーマンスは凄まじく、特に2024年に入ってからは日経平均が急騰し、34年ぶりに史上最高値を更新。そのうえ、4万円の大台にも乗せた。他のロボアドが世界規模で分散投資を行っているので、日本株の快進撃がこの差を

2020年から運用しているロボアドサービスの実績比較（全コース平均）

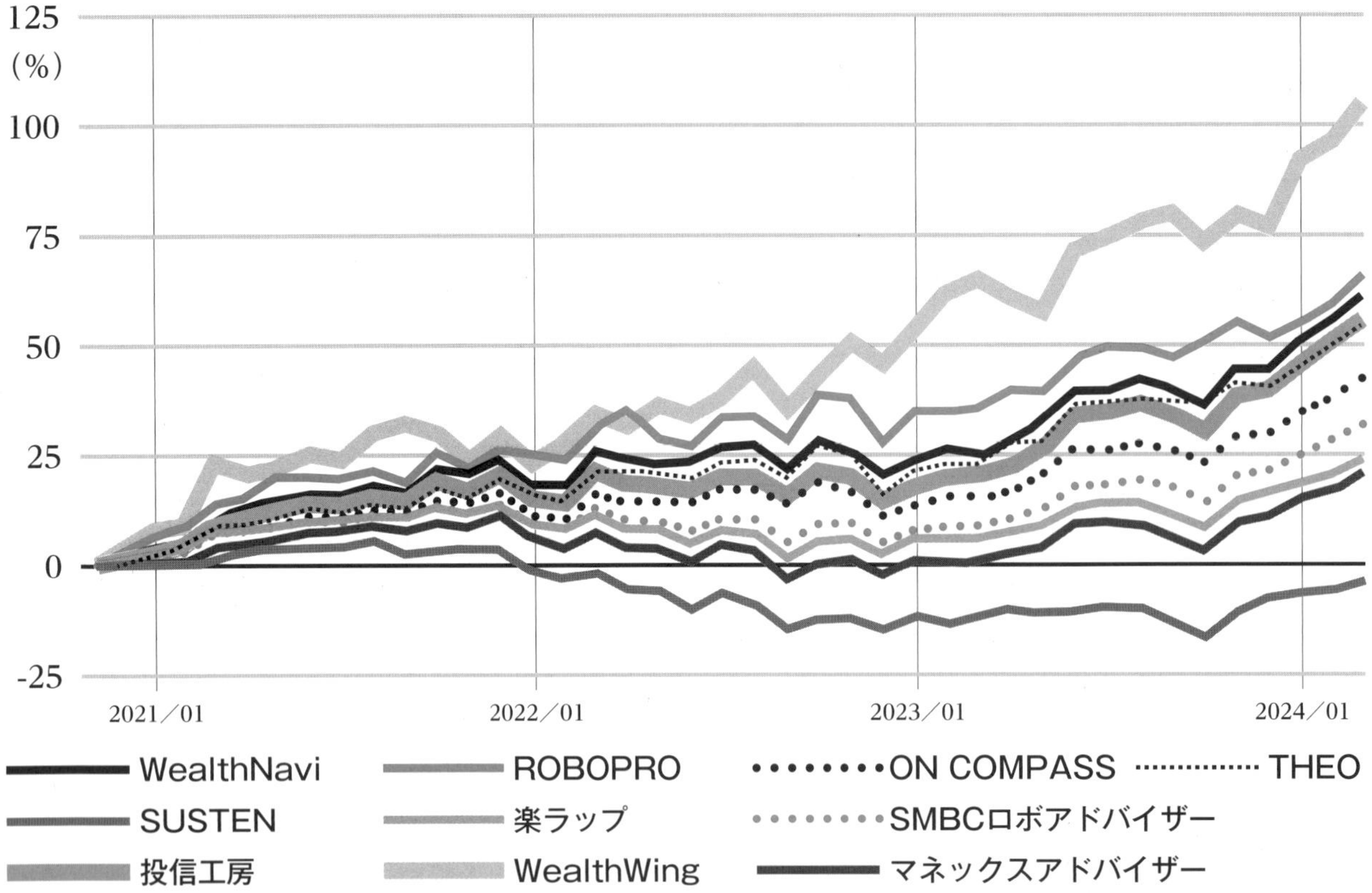

※株式会社EXIDEA·小関拓弥氏調べ
出所:https://exidea.co.jp/blog/money/internet-securities/roboadviser-performance/

もたらしたようだ。

もっとも、細かい推移を追ってみると、ウェルスウイングは他のロボアドと比べて実績が低下する局面もある。やはり、集中投資は期待できるリターンも大きくなる一方で、分散投資を行うケースよりもリスク（実績の変動率）は高くなるということだろう。

2位だったのはロボプロで、小関氏によれば、特に下落相場に強いという特徴が見られるという。コロナショックが直撃した2020年3月以降6カ月間の実績では、全コース平均で群を抜くパフォーマンスを達成。ウクライナ侵攻が始まった2022年2月以降の1年間でも、ロボアドの運用実績は比較的堅調だった。しかしながら、この期間中に他を圧倒するパフォーマンスを記録したのはウェルスウイングだった。

先述したように他のロボアドはグローバルに分散投資を図っており、どうしてもウクライナ侵攻の影響を受けやすい。その点、日本株への集中投資ではダメージが限定的で、そのことがパフォーマンスに差を生じさせた。とはいえ、繰り返しになるが、日本株が不振に陥った場合はそのダメージが直撃することになる。

運用実績だけでなく、総合的な判断で選ぶ

そこで、異色の存在であるウェルスウイングを除いたロボアドの運用実績を小関氏が比較してみたところ、全コース平均ではウェルスナビ、ロボプロ、テオ＋ドコモが好調だったという。「リスク許容度最大」のコースでは、先の3サービスとともにオンコンパスも健闘。逆に「リスク許容度最小」のコースでは、ウェルスナビとテオ＋ドコモのパフォーマンスがほぼ独走状態だったそうだ。

ただし、ロボアド選びはこれまでの運用実績だけが決め手になるものではないと小関氏は忠告。手数料の安さ、運用コースの豊富さ、相場予測・下落軽減機能の有無、NISA対応・税金最適化などの節税サービスの有無、最低投資金額も比較して、総合的に判断するのが賢明だ。